Karlheinz Böhm
Ein Mensch für Menschen

Ein Lebensbild
aufgezeichnet von Erich Schaake

Schneekluth

CIP-Kurztitelaufnahme der Deutschen Bibliothek

Schaake, Erich
Karlheinz Böhm: Ein Mensch für Menschen;
ein Lebensbild/aufgezeichnet von Erich Schaake
München: Schneekluth, 1985
ISBN 3-7951-0951-5

ISBN 3-7951-0951-5

Printed in Germany 1985

Wetten, daß…

»Jeder Mensch muß jeden Moment seines Lebens dazu in der Lage sein, sich zu allem zu bekennen, was er getan hat. Wenn er das nicht tut, verrät er dadurch einen Teil von sich selbst…«

Das Lager befand sich am Fuße eines steil aufragenden Felsberges. Mehrere tausend Menschen hockten in der prallen Sonne eng zusammen und warteten. Über dem Lager kreisten Geier. Es herrschte eine trockene Hitze: 36 Grad im Schatten.
Der weiße Mann, der aus dem Landrover stieg, wischte sich mit dem Handrücken über die feuchte Stirn. Aber es war nicht die Hitze, die ihm zu schaffen machte. Es waren die Bilder, die in sein Herz stießen. Er sah Kinder, die wie zwergenhafte Greise gealtert waren. Schlaffe Hautfalten über fleischlosen Knochen. Dünne Brustkörbe, in denen man jede Rippe und jeden Herzschlag sehen konnte.
Er sah junge Frauen mit Vogelkopfgesichtern und Spinnenbeinen. Er sah alte Männer, die wie morsche Baumstämme in der Hitze schwankten.

Der weiße Mann hatte schon viel in seinem Leben gesehen. Zerbombte Städte, Hoffnungslosigkeit, Hunger. Aber diese Bilder hier überstiegen seine Vorstellungskraft. Er war fassungslos und hilflos.
Die Menschen in dem Lager litten still. Vor allem die Kinder. Sie starben vor seinen Augen. Sie verloschen einfach.
Hoffnungslos starrten die Lagerbewohner den Fremden an. Er kam von weit her. Aus einem Land, in dem es keinen Hunger gab. Sie hatten unglaubliche Geschichten darüber gehört. Die Menschen dort hatten so viel zu essen, daß sie ganze Ernten vernichteten, wenn sie keinen guten Preis dafür erzielten. Sie warfen alte Autos, Fernsehgeräte, Kühlschränke und Kleider weg. Es gab ganze Berge davon.
Gänzlich unverständlich war den Menschen im Lager, warum der reiche Ausländer so einen weiten Weg auf sich genommen hatte, über Tausende von Kilometern hinweg, um in ein so armes Land zu kommen wie dem ihren.
Was suchte er hier?
Vielleicht dachten einige in diesem Augenblick auch an eine alte Verheißung, derzufolge eines Tages ein Fremder kommen würde und aus diesem Tal des Todes ein Paradies machen würde.
Ein Mensch für Menschen.
Daß dieser Mann der Mensch sein würde, ahnte in diesem Augenblick niemand. Auch konnte niemand

wissen, daß er einst ein Schauspieler war, den ein Millionenpublikum angehimmelt hatte. Man hätte es den Menschen im Lager nicht begreiflich machen können. Sie hätten es nicht verstanden, weil es so etwas in ihrer Vorstellungswelt nicht gibt.
Sie hätten sich auch nicht denken können, daß der Mann wegen einer Wette gekommen war ...

Die Kamera ging ganz dicht an das Gesicht heran.
Es war 21.30 Uhr an einem Abend im Mai, und die Fernsehzuschauer starrten fasziniert auf den Bildschirm.
Sie sahen das Gesicht eines Revolutionärs.
Aber sah so ein Systemveränderer aus?
Nein, dieser hier paßte absolut nicht an das Rollenklischee, mit dem man normalerweise einen Revolutionär identifizierte.
Das war keiner, der sich ein Palästinenser-Halstuch zum Protest umgebunden hatte. Keiner, der mit Steinen warf. Keiner, der Gewalt predigte, um etwas zu verändern.
Dieser hier war ganz anders.
Andere werden in jungen Jahren zum Rebell. Der Mann, den die Kamera in Großaufnahme zeigte, war es erst im Alter geworden. Einer, der mit leisen Tönen und doch hartnäckig das Elend der Armen den Reichen ans Herz legt.

Ein sanfter Revolutionär mit einem schmalen, sensiblen Gesicht.
Viele Zuschauer, vor allen Dingen die Älteren, die in den fünfziger Jahren das Wirtschaftswunder mitgeschaffen hatten, erinnerten sich sehr gut an ihn. Sie hatten ihn damals in vielen Filmen gesehen. Er hatte ein Gesicht, das man so schnell nicht vergaß.
Edelmut, Kultiviertheit, Charme: das waren die Eigenschaften, die der Mann in seinen Rollen auf der Leinwand verkörpert hatte. Als Aushängeschild jener Jahre, in denen er die heile Welt und das konservative Weltbild als Prinz, König und Kaiser repräsentierte. Die Menschen feierten ihn wie einen echten Monarchen. Seine damalige Popularität kann man sich heute, in einer Zeit, da Leinwandidole rar geworden sind, kaum mehr ausmalen. Zusammen mit Kollegen wie Hardy Krüger, Horst Buchholz und O. W. Fischer gehörte er zu jener Handvoll Kinohelden, die die Herzen der Töchter wie der Mütter höher schlagen ließen.
Als er jetzt, 25 Jahre später, am 16. Mai 1981, in Wien in Frank Elstners Fernsehshow ›Wetten, daß ...‹ auftrat, leuchtete seine Vergangenheit wieder schemenhaft auf. Viele Zuschauer erinnerten sich an die Geschichte seines Lebens.
Karlheinz Böhm: geboren in Darmstadt als Sohn des weltberühmten, österreichischen Dirigenten Professor Dr. Karl Böhm und der Sängerin Thea Linhard,

aufgewachsen in Hamburg und Dresden, Abitur in Graz, kurzes Studium der Philosophie in Wien, Wechsel zu Theater und Film, Regieassistent, Schauspielunterricht bei Albin Skoda, Engagement ans Burgtheater, Kündigung nach kurzem Gastspiel, Wechsel zum Theater in der Josefstadt, nach dreieinhalb Jahren Start der Bilderbuchkarriere beim Film, an der Seite von Hildegard Knef.
Dem allzu frühen Ruhm folgten magere Jahre. Keiner wollte mehr etwas von ihm wissen, nachdem er den gordischen Knoten des Erfolges, der ihn an die Glamourwelt der fünfziger Jahre band, gewaltsam zerhauen und das Götzenbild des deutsch-österreichischen Schnulzenkaisers vom Podest gestoßen hatte. Jahrelang führte er in seiner Villa in der Schweiz ohne Schauspiel- oder Filmverpflichtungen das Leben eines Frührentners. Er, der aus »Verzweiflung mit dem Kopf gegen die Wand rannte«, beging beinahe künstlerischen Selbstmord, als er in dem Film ›Peeping Tom‹ des Engländers Michael Powell einen Lustmörder spielte.
Plötzlich liebte ihn die Kamera nicht mehr und das Publikum auch nicht; es akzeptierte nicht seine Wandlung vom Filmkaiser zum Sadisten. Der Streifen wurde zum Desaster für ihn – bevor er zwei Jahrzehnte später zum Kultfilm und Kassenschlager avancierte.
Dieses harte Brot der mittleren Jahre hatte ihn ge-

prägt. Das mögen wohl auch die Fernsehzuschauer an jenem Abend im Mai gespürt haben, als er ihnen eine ungewöhnliche Wette anbot:

»Freunde, ich wette mit euch, daß nicht einmal jeder dritte Zuschauer eine Mark gibt, um hungerleidenden Menschen in der Sahelzone, einem der größten Naturkatastrophengebiete der Erde, zu helfen. Ich verpflichte mich, wenn ich diese Wette verlieren sollte, also mehr als sechs oder acht Millionen Mark bekommen würde, in die Sahelzone zu gehen und unter Umgehung aller Hilfsorganisationen vor Ort zu versuchen, den Menschen zu helfen.«

Dann legte er noch ein weiteres Bekenntnis vor dem Millionenpublikum ab: »Jeder Mensch muß jeden Moment seines Lebens dazu in der Lage sein, sich zu allem zu bekennen, was er getan hat. Wenn er das nicht tut, verrät er dadurch einen Teil von sich selbst.«

Schließlich war er noch so blauäugig zu sagen, es würde ein Jahr lang kein hungerndes Kind mehr in der Sahelzone geben, wenn wir das Geld bekämen. Heute weiß er, daß selbst zwölf Millionen dafür nicht gereicht hätten.

Es war exakt 21.30 Uhr an jenem Samstagabend. Die Wette lief. Aber weder Frank Elstner noch er konnten in diesem Augenblick ahnen, worauf sie sich eingelassen hatten.

Mancher Zuschauer mag sich gewundert haben, daß ausgerechnet aus dem Mund dieses Karlheinz Böhm eine derart engagierte Wette angeboten wurde. Der damals 53 jährige war zwar leicht angegraut, aber noch lebte er in ihrer Erinnerung als jener schöne, stattliche Mann in der dekorativen Uniform, der in drei ›Sissi‹-Filmen den Herzenskaiser der blutjungen Romy Schneider gespielt hatte. Drei Streifen, die ihn auf Jahre hinaus abgestempelt hatten.

Aber der da jetzt in die Kamera blickte, war nicht mehr der schöne Galan mit den melancholischen Augen. Nicht der schmucke Kaiser, der seiner liebreizenden ›Sissi‹ den Hof machte.

Krisen und Zweifel hatten das schmale Gesicht zwar nicht zerstört, aber harte Kerben hineingeschnitten. Alle konnten es sehen: es hatte sich verändert wie der Mensch Karlheinz Böhm.

Diesmal, im harten Scheinwerferlicht der Fernsehkameras, spielte er keine Rolle. Und es ging ihm nicht um Ruhm und Gagen. Es ging ihm um mehr: um seinen Kampf, dem Leben einen Sinn zu geben, es nicht auf der Bühne zu verspielen.

Kaum zu glauben, daß er es an jenem Abend schaffte. Aber wie schon einmal vor 25 Jahren, als sich die Sehnsucht vieler Menschen auf ihn konzentriert hatte, weil er eine heile Welt verkörperte, überzeugte er auch diesmal durch sein Auftreten.

Millionen Zuschauer spürten: dieser sanfte Revolutionär, der ihnen die ungewöhnlichste Wette unserer Zeit anbot, meinte es ernst.

Er nahm am Schicksal der Menschen teil. Er hoffte und bangte mit ihnen. Er war sogar bereit, dafür sein Leben zu ändern.

Natürlich ahnte zu diesem Zeitpunkt niemand etwas von der Tragweite des Geschehens, und es war auch nicht abzusehen, daß aus dieser Wette eine der erfolgreichsten privaten Hilfsaktionen der Nachkriegsgeschichte werden sollte. Für Karlheinz Böhm war es ein Einsatz, »der mich so fordern wird wie nie etwas zuvor und für den ich meine ganze physische und psychische Kraft aufbringen, vielleicht auch aufbrauchen werde«.

»Der Wette war ein innerer Prozeß vorangegangen, der sich über viele Jahre hinzog«, gestand Böhm zum erstenmal, als er sich den Fragen von Dr. Rupert Neudeck stellte, dem Begründer des Deutschen Komitees für Not-Ärzte und Initiator der Rettungsaktion ›Cap Anamur‹. »Ich bin in den sechziger Jahren irgendwann einmal in einer Sackgasse gewesen in meiner eigenen Entwicklung – nicht nur beruflich, sondern auch menschlich.«

Bereits 1976 sagte er in einem Zeitungsinterview: »Auch habe ich einige Male in meinem Leben vor der Frage des Schlußmachens gestanden. Einige Menschen, die mich in meinem Leben begleiteten, so etwa die erste große Liebe meines Lebens, Gertrud Kückelmann, haben diesen Schritt getan. Sie hat beschlossen, sich umzubringen, weil sie Krebs hatte. Ich glaube, es gibt nur ganz wenige Menschen, die so ehrlich zu sich selbst sind.«

Karlheinz Böhm war ehrlich zu sich selbst und sah ein, daß er sich von einem Image befreien mußte, »das mein kritisches Denken einhüllte.« Er, der unpolitisch Konservative, der einst seinem Vater hatte versprechen müssen, sich in keiner Partei zu engagieren, fing an, politisches Bewußtsein zu entwickeln.

»Ich hatte einen Punkt in meinem Leben erreicht, wo meine Wut und meine Verzweiflung so groß waren, daß ich nur noch verändern wollte. Ich weiß zwar, daß ich die Welt nicht verändern kann, aber ich weiß, daß ich mich verändern kann. Und dieser Glaube treibt mich vorwärts.«

Der »Kaiser trägt neue Kleider« (so ein Zeitungstitel) – Karlheinz Böhm zog für den späteren österreichischen Bundeskanzler Dr. Bruno Kreisky 1969 in den ersten Wahlkampf. Auch bei einer der nächsten Wahlen war er als prominenter Wahlhelfer aktiv – für seine österreichischen Landsleute kam das fast einem Skandal gleich: ein Schauspieler hat nun einmal in der Politik nichts verloren.

Es gab Karikaturen und anonyme Briefe, mit wüsten Beschimpfungen, Drohungen. Aber nachdem er den ersten Schritt getan hatte, gab es für Karlheinz Böhm kein Zurück mehr.

Er versuchte, sein neues kritisches Bewußtsein mit seinem Leben und seinem Beruf in Übereinstimmung zu bringen.
Er sah ein, daß in »unserer kranken Gesellschaft, die in einen Wahnsinnslauf in Richtung Tod treibt«, ein zu Herzen gehender Hamlet oder ein König Lear fehl am Platze war. Menschen mit dramatischen Rollen anzurühren, aufzurütteln, das schien nicht viel mehr als Selbstbefriedigung zu sein.
Die endgültige Wende kam für ihn, als er 1971 den Regisseur Rainer Werner Fassbinder kennenlernte und zwei Jahre lang mit dem vielleicht genialsten deutschen Film- und Theaterregisseur nach dem Krieg zusammenarbeitete.
Fassbinder, dessen Filme absoluter Gegenpol zur szenischen Welt der fünfziger Jahre waren, wirkte nicht nur wie eine Initialzündung auf ihn, sondern führte ihn aus der Krise. Die Frage, ob sein Handeln vielleicht sogar eine Flucht vor sich selber ist, vor seinen eigenen Problemen, hat er sich auch gestellt. Aber sie konnte ihn nicht davon abhalten, konsequent seinen Weg bis heute weiterzugehen.
Damals, an jenem 16. Mai 1981 also, als er mit einer TV-Wette seine persönliche Wende schaffte, mag ihm seine frühere Popularität noch einmal kräftig geholfen haben. Aber gerechnet hat er damit wohl selbst nicht, daß er beim Publikum noch einen derartigen Kredit hatte.

Wie Karlheinz Böhm später immer wieder beteuerte, hatte er, vor dieser Wett-Idee, über die Sahelzone nicht mehr als ein paar angelesene Kenntnisse aus Büchern. Das wirkliche Elend kannte er wie die meisten Fernsehzuschauer auch nur aus kurzen Tagesschaueinblendungen.
Elstner sagte: »Das ist natürlich fabelhaft, was Sie da machen wollen. Aber Sie müssen sich darüber klar sein, das ist eine Unterhaltungssendung. Die Wette muß am Schluß der Sendung eingelöst sein. Das können wir in Ihrem Fall ja nicht.«
Daraufhin schlug er Elstner einen Kompromiß vor: Eine andere Wette, mit der Bedingung, seine Wette am Ende der Sendung vortragen zu dürfen.
Der Showmaster willigte ein.
Als offizielle Wette schlug Böhm dann vor: Er glaube nicht, daß es während der Sendezeit gelingen werde, einen französischen Schäferhund, einen Briard, in das Studio zu bringen. Elstner hielt dagegen und verlor. Am Schluß der Sendung durfte Böhm dann seine eigentliche Wunschwette formulieren.
Aber wohin mit den Spenden, wenn sie tatsächlich kamen?
Erst im letzten Augenblick, als die Sendung längst lief, fielen ihm auf dem Flur des Fernsehstudios zwei honorige Kontaktadressen ein: der deutsche und der österreichische Bundespräsident.

Sein eigener, der Österreicher Kirchschläger, verpaßte ihm später einen leichten Rüffel.
Kein Wunder. Mit seiner Wette hatte Böhm eine Lawine ausgelöst. Tausende blockierten nicht nur beim ZDF die Telefone, sondern auch in den beiden Staatskanzleien in Bonn und Wien. Waschkörbeweise trafen Briefe mit Markstücken ein.
Die erste Reaktion zeigte: Das Publikum wird Sieger.
Die Spendenlawine, die anderntags anrollte, ist längst Fernsehgeschichte. Auf dem eigens eingerichteten Postscheckkonto 700 000 in Köln sammelten sich binnen weniger Tage 1,7 Millionen Mark. Innerhalb des ersten Jahres wuchs die gesamte Spendensumme auf 2,4 Millionen Mark. Ein grandioses Ergebnis.
Endlich hatte Karlheinz Böhm die Rolle gefunden, nach der er so lange gesucht hatte. Eine Rolle, bei der er nicht mehr in die Haut eines anderen schlüpfen mußte.
Eine Rolle, die kein Theater war, sondern aktive Nächstenliebe.
Vielleicht die schwerste überhaupt in seinem Leben.
Für den Mann, der sich selbst als ›Einzelkämpfer‹ charakterisiert, fing ein fieberhafter Lernprozeß an. Statt Drehbücher auswendig zu lernen, begann er Berge von Informationsmaterial durchzuarbeiten, das er

sich von der UNESCO und von der UNO über die Sahelzone hatte schicken lassen.
Heute ist es kaum zu glauben, aber in zwei möglichen Empfängerländern wurde er keineswegs mit offenen Armen empfangen. Der Tschad winkte aus politischen Gründen ab. Auch der Sudan zeigte sich nicht interessiert.
Nur aus Äthiopien kam ein freudiger Brief: »Lieber Herr Böhm, wir sind Ihnen sehr dankbar für die 1,7 Millionen DM, die Sie uns geben wollen. Sie sind jederzeit ein gern willkommener Gast in unserem Land. Wir zeigen Ihnen auch alles, was Sie sehen wollen. Wann schicken Sie uns den Scheck?« Fünf Monate später wurde es dann ernst. Am 27. Oktober 1981 flog Böhm von Frankfurt nach Addis Abeba. Er hatte sich ein wenig über die zweitausendjährige Geschichte Äthiopiens informiert. Er wußte, das Land ist etwa fünfmal so groß wie die Bundesrepublik, aber drittärmstes Land der Welt. Wie einst durch die Pest wird das Land seit Jahrzehnten von Hungerkatastrophen heimgesucht. Das war schon so, als noch der greise Kaiser Haile Selassie regierte. Während seine verhungernden Untertanen sich zum Sterben niederlegten, fütterte der Herrscher seine Löwen mit Kalbskeulen. Am 12. September 1974 wurde der ›Auserwählte Gottes‹ von einer Gruppe fortschrittlicher Militärs entmachtet, die das Land aus einem jahrhundertealten Feudalschlaf erwecken und vom Elend befreien wollten. Die sozia-

listischen Erben Haile Selassies verteilten zwar das Land der Großgrundbesitzer unter die Bauern, aber vor dem Hunger verschlossen sie die Augen.

Nach neunstündigem Flug landete er auf dem Flugplatz der zweitausend Meter hoch gelegenen Hauptstadt Äthiopiens. Wie ein Ehrengast wurde er empfangen.

In den nächsten Tagen jagte ein Termin den anderen. Gespräche mit dem deutschen Botschafter, mit äthiopischen Beamten und dem Außenminister standen auf dem Programm.

Drei Tage später flog er nach Dire Dawa, rund 400 Kilometer östlich von Addis Abeba, am Rande der Wüste. Von dort ging es per Landrover weiter. Hinter Harar, der Hauptstadt der Provinz Hararghe, begann eine Schotterpiste. Sie verlief in weit geschwungenen Serpentinen ins Erer-Tal, wo eine Leprastation liegt, die vor einigen Jahrzehnten von deutschen Augustinermönchen gegründet worden war.

Von der anschließenden Fahrt in den Busch, nahm Karlheinz Böhm jedes Detail in sich auf, denn er fuhr ja nicht nur in ein fremdes, neues Land, sondern auch in ein neues Leben.

Ziel dieser Fahrt war eine ›Farm‹: ein Silo fürs Getreide, eine Werkstatt, eine primitive Hütte mit einer Art Büro sowie ein paar Baracken für die Farmarbeiter.

In diesem Augenblick dachte Karlheinz Böhm wohl

zum erstenmal daran, daß hier das neue Siedlungsgebiet entstehen könnte. Eine neue Heimat für die hungernden Menschen aus den Flüchtlingslagern. Aber auch eine zweite Heimat für ihn.

Mit fünf Jahren am Klavier

»Mein Vater war für mich ein Beispiel
für Fleiß, für einen Fleiß, der für
mich immer ein Traumziel bleiben wird.
Seine Vollkommenheit zu erreichen, ohne
seinen Fleiß zu haben, das ist unmöglich.
Und das hat mich zeitweise
auch belastet...«

»Man sieht ihm den guten Stall schon von weitem an«, schrieb einmal ein gefürchteter Filmkritiker bissig über den Schauspieler Karlheinz Böhm.
Was man darunter auch verstehen mag, wahr ist: Karlheinz Böhm hat durch das künstlerisch interessante Milieu seines Elternhauses von frühester Kindheit die große Welt und große Künstler kennengelernt, darunter Wilhelm Furtwängler, Hans Knappertsbusch, Käthe Dorsch – um nur einige zu nennen. Sein Vater, Professor Dr. jur. Karl Böhm, war ja selbst ein berühmter Mann, dessen übergroßer Schatten den jungen Karlheinz Böhm auf seinem Weg durchs Leben immer begleitet hat.
Um das zu verstehen, braucht man nur einen Blick auf die wichtigsten Stationen der Biographie des Vaters zu werfen.

Karl Böhm wurde in Graz geboren. Sein Vater war Rechtsanwalt. Der General Stöger-Steiner, ein früherer österreichischer Außenminister, war sein Onkel.
»Im Haus meiner Eltern ging es hoch her«, schrieb Karl Böhm in seiner 1968 erschienenen Autobiographie ›Ich erinnere mich genau‹. »Meine Eltern waren sehr musikalisch, wir hatten oft Sänger zu Besuch. Es gab Konzertabende und sogar kleine Opernaufführungen. Es wurde getafelt und getrunken. Kein Wunder, daß mein Vater 100 Kilo wog. Er war ein lebenslustiger und fröhlicher Mensch, im Unterschied zu mir.«
Karl Böhms frühester Wunsch war es, Pianist zu werden. Aber der Weg zum Musiker wurde ihm nicht leichtgemacht. Der Vater bestand darauf, daß er einen soliden Beruf erlernen sollte. So promovierte er vormittags zum Doktor der Rechte und dirigierte abends im Grazer Stadttheater den ›Fliegenden Holländer‹. Schon während seines Jurastudiums hatte er am Grazer Theater als Korrepetitor gearbeitet.
»Abends hatte ich oft Bühnendienst zu machen. Ich kann sagen, ich habe von der Pike auf gedient. Dort in Graz habe ich gelernt, was ich von einem Sänger verlangen kann und was nicht.«
Erstaunlich – der Mann, über den später die Kritiker enthusiastisch schrieben: »Er verwandelt Noten in pures Gold« und den viele für den größten Dirigenten seiner Zeit hielten, hatte nie regulären Kapellmeisterunterricht.

»Ich habe alles abgeguckt. Den Dirigenten, die ich kannte. Ich bin ein Autodidakt, und das brachte mich gelegentlich in Schwierigkeiten. Ich mußte mal von einem Kollegen, der plötzlich krank geworden war, den Bühnendienst in der ›Aida‹ übernehmen. Ich wußte damals noch nicht, daß man die Zwei im Viervierteltakt nach links hinüber schlägt statt nach rechts wie beim Dreivierteltakt. Das Orchester hat sich daraufhin bei der Direktion über mich beschwert. Die Musiker sagten, sie wollten nicht mit einem Dirigenten arbeiten, der nicht einmal in der Lage sei, den Takt richtig zu schlagen. Das habe ich dann im Eiltempo gelernt, bei einem Kollegen, der alle Opern kannte, aber keinen schöpferischen Funken in sich hatte. Er hat mir das Schlagen in ein paar Stunden beigebracht.«

Der Autodidakt Karl Böhm besaß den schöpferischen Funken, um Karriere zu machen: zuerst an der Bayerischen Staatsoper, anschließend als hessischer Generalmusikdirektor in Darmstadt, wo er die musikalische Avantgarde der 20er Jahre, Hindemith und Alban Berg, aufführte; 1931 trat er die Nachfolge von Egon Pollak am Hamburger Staatstheater an, von hier ging er nach Dresden als Chef der Staatskapelle, dem ›Hausorchester‹ von Richard Strauss, machte dort seine ersten Schallplattenaufnahmen. In dieser Zeit begann auch seine Freundschaft mit Richard Strauss, dessen Opern ›Die schweigsame Frau‹ und ›Daphne‹ er uraufführte. 1935 wurde er zum Professor ernannt.

Weitere Stationen auf dieser bedeutsamen musikalischen Reise: 1943 Direktor der Wiener Staatsoper, deren Zerstörung er im Kriege miterleben mußte. 1954 wurde er erneut mit der Direktion beauftragt und organisierte die erste Spielzeit nach dem Wiederaufbau, trat aber zwei Jahre später von dem Posten zurück, nachdem die Wiener Presse seine Arbeit verschiedentlich heftig kritisiert hatte. Er ging als Dirigent an die New Yorker Metropolitan Oper, hatte 1961 ein glanzvolles Debüt in der Carnegie-Hall, und immer wieder sah und hörte man ihn bei den Salzburger Festspielen.

Er wurde vor allem als Mozart-, Strauss- und Wagner-Interpret bekannt. Er nahm über 200 Schallplatten auf und wurde 1964 als erster und bisher einziger Dirigent nach 1945 mit dem Titel eines »österreichischen Generalmusikdirektors« ausgezeichnet.

Was war das Geheimnis seines Erfolges?

Er hat selbst einmal von sich gesagt, er glaube am Pult alles andere als ein Schauspieler zu sein. Er hat sich nicht als Star gefühlt. Er war ein Dirigent. Aber kein Dirigent, der mit beschwörenden Gesten und dem Taktstock romantische Träume in die Luft malte oder mit Imperatorenblick den Musikern und den Sängern seinen Willen aufzwang. Er war ein Dirigent, der auch hinter das Werk zurücktreten konnte.

»Man vergißt Böhm und nimmt nur noch Mozart wahr«, schrieb einmal ein Musikkritiker über ihn.

Was läßt sich Besseres zum Ruhm von Karl Böhm sagen...

Für seine Abneigung gegen den Starkult gibt es auch noch andere Belege. Als er nach einem Skandal in einer ›Fidelio‹-Aufführung die Direktion der Wiener Staatsoper abgab, ging man in Wien zur Tagesordnung über. Die Ära Karajan begann. Als der ein paar Jahre später das gleiche tat, schien in Österreich die Welt unterzugehen.

Aus dieser Zeit datiert auch die Spaltung der Wiener Musikfreunde in »Karajanitscharen« und »Böhmen«. Karajan kennt auch derjenige, der noch nie im Leben eine Sinfonie zu Ende gehört hat. Karajans Frau und seine Kinder. Seine Autos und seine Flugzeuge. Seine Häuser und seine Segeljacht. Die Medien haben sich Karajans mit Haut und Haaren bemächtigt. Undenkbar, daß Böhm ähnliches widerfahren wäre.

Er, dem manche jegliches Charisma absprachen, überzeugte durch sparsame Gesten, jenseits aller Selbstbespiegelung und eitlen Starkults nahm er die Musik beim Wort, Note für Note, und produzierte in aller Bescheidenheit wahre Klangwunder.

»Ich bin ein Leben lang ein Sünder gewesen, habe allerhand angestellt und auch andere Dinge getan, die mir nicht zum Ruhm gereichen«, gestand er einmal in einem Interview. »Aber in der Musik war ich immer ehrlich. Ich kann den Musikern, besonders den Sängern keine Mogeleien durchgehen lassen. Ich bin für äußerste Präzision; und wenn ich ihnen das sage, bin ich oft ungeduldig, mein Ton ist manchmal barsch und ironisch.«

Einen der berühmtesten Mozart-Tenöre der fünfziger Jahre raunzte er an: »Wenn S' net krahn können, gehn S' heim.« Und die Kammersängerin Hilde Güden knurrte er an: »Frau Güden, der Star sind net Sie, sondern Mozart.«

Dieser Mann, der keine Schlampereien durchgehen lassen konnte, war also der Vater von Karlheinz Böhm.

»Abgesehen davon, daß er mein bester Freund ist, gibt es kaum Probleme, mit denen ich nicht zu ihm kommen konnte«, sagte Karlheinz Böhm 1979 in einem Interview, zwei Jahre vor dem Tod seines Vaters. »Dabei sind wir in politischer und künstlerischer Hinsicht sehr verschiedener Meinung. Er lebt, um zu arbeiten, ich arbeite um zu leben. Mein Vater ist, wenn er Ferien macht, verzweifelt, und seine letzte Rettung sind Partituren. Bei ihm ist der Beruf Leben, für mich ein Zweck, um zu leben. Immerhin: Mein Vater ist für mich ein unvergleichliches Beispiel für Fleiß, für einen Fleiß, der für mich immer ein Traumziel bleiben wird. Seine Vollkommenheit zu erreichen, ohne seinen Fleiß zu haben, das ist unmöglich. Und das hat mich zeitweilig auch belastet.«

Von seinem Vater erbte Karlheinz Böhm in erster Linie die Liebe zur Musik, seine Gelassenheit, seine Si-

cherheit, aber auch die spürbare Reserve und die erstaunliche Würde, die ihm später oft als Arroganz ausgelegt worden ist.
So ist es auch kein Wunder, daß in der Kindheit von Vater und Sohn viele Parallelen zu finden sind. Beide verschrieben sich in jungen Jahren der Musik. Diese Faszination sollte beide ein Leben lang begleiten und nicht mehr loslassen.
Wie schon sein Vater erhielt auch Karlheinz Böhm im Alter von fünf Jahren Klavierstunden. Wie schon für seinen Vater stand auch für ihn zunächst fest, daß er Pianist werden wollte.
Der einzige Unterschied: seine Jugend verlief vielleicht noch aufregender und unruhiger. Aufregender, weil der Besuch von weltberühmten Künstlern im Haus seiner Eltern zum Alltag gehörte. Unruhiger, weil der Beruf seines Vaters es mit sich brachte, daß die Familie ständig ihren Wohnsitz zwischen Graz, Darmstadt, Dresden und Wien wechselte.
Am 16. März 1928 wurde Karlheinz Böhm in Darmstadt geboren. Drei Jahre später besuchte er einen Kindergarten in Hamburg, weil sein Vater dort die Stelle eines Operndirektors antrat. Nach weiteren drei Jahren zogen seine Eltern nach Dresden, und Karlheinz begann seine erste ›Karriere‹ – als Abc-Schütze.
Bald schon, durfte er seine Mutter in die Oper begleiten. Allerdings endete die musikalische Früherzie-

hung für den Jungen vorerst jeweils im ersten Akt. So kam es, daß Karlheinz den ersten Teil der »Walküre« nicht weniger als fünfzehnmal sah.
»Einmal hatte ich das Glück, meine Ferien bei Richard Strauss in Garmisch verbringen zu können. Ich war damals acht Jahre alt. Besonders an seine Frau Pauline erinnere ich mich noch sehr gut. Meine Mutter hatte mir eine Sonnenbrille und einen Bergstock geschenkt, worauf ich mächtig stolz war.
Nun, Frau Pauline lud mich auch am ersten Tag gleich zu einem Spaziergang ein und eröffnete mir nebenbei, daß sie dies jeden Tag in meiner Begleitung zu wiederholen gedenke. Worüber ich nicht sonderlich begeistert war, denn ich hätte viel lieber Fußball gespielt oder sonst etwas angestellt. Nachdem wir ein gutes Stück gegangen waren, schaute sie mich von der Seite schief an und sagte: ›Wos host da für a Bruin auf – siehst schlecht?‹
Sagte ich: ›Nein, ich sehe nicht schlecht, die Sonne blendet.‹ Darauf sie: ›Gib die Bruin her.‹
Die Brille verschwand in ihrer Handtasche, und ich heulte, wie ein Achtjähriger nur heulen kann. Kaum hatte ich mich wieder etwas beruhigt, ließ Frau Pauline sich schon wieder vernehmen.
›Was host denn do, ha?‹
›Einen Bergstock‹, sagte ich weinerlich.
›A Bua mit acht Johr braucht koan Stock – gib den Stock her.‹

Ich war verzweifelt, aber es half nichts. Ich mußte den Stock hergeben. Trotzdem habe ich sie lieb gewonnen. Sie war ein himmlischer Mensch.

Nicht ganz ohne Schwierigkeiten verlief für den Jungen dann auch die Schulzeit.

»Meine Eltern mußten mich von Schule zu Schule retten. Sie versuchten immer, mich in eine andere Schule zu bringen, bevor ich durchsauste.«

Das war meistens auch gelungen. Nur einmal nicht: in Mathematik. Dieses Fach war Karlheinz so verhaßt, daß er es einfach übersah.

Er verbrachte damals einige Zeit bei seiner Großmutter in Kufstein. Sie wunderte sich zwar darüber, daß er nie Hausaufgaben mit nach Hause brachte. Sie gab sich aber – wie Großmütter nun einmal sind – mit seiner Erklärung zufrieden: »Wir haben einen neuen Lehrer und machen die Übungen gleich in der Schule. Hausaufgaben gibt es nicht.«

Die Ausrede zog eine Zeitlang. Doch gegen Ende des Jahres flog der Schwindel auf.

Ein blauer Brief flatterte ins Haus, und die Großmama wurde gebeten, doch einmal in der Schule vorzusprechen.

Karlheinz wußte nur zu gut, was das zu bedeuten hatte, aber die Geschichte war schon so verfahren, daß es keine Rettung mehr gab. Er ließ dem Schicksal seinen Lauf.

In der Schule erfuhr die erstaunte Großmutter dann

die Wahrheit: »Ihr Enkel ist in Mathematik durchgefallen. Er hat monatelang keine Hausaufgaben gemacht.«

Die Geschichte hatte Folgen: Karlheinz kam ins »Lyceum Alpinum«, ein Internat in Zuoz im Oberengadin. Und dort geschahen dann auch allerhand Schülerstreiche, an denen er nicht ganz unbeteiligt war.

Wenn es galt, Kreide in die Tinte der Lehrer zu schmuggeln oder nasse Schwämme kunstgerecht über der Tür anzubringen, war er immer mit von der Partie. Er drückte sich vor keinem Streich.

Auch nicht vor einer Nacht-und-Nebel-Aktion gegen einen biederen Kaufmann in der Stadt, bei dem es Zigaretten und Schreibhefte gab, der aber bei den Schülern nicht wohlgelitten war. Eines Tages beschloß der »Schülerrat«, diesem Mann einen Streich zu spielen. Nachts wurden heimlich Plakate gemalt, mit denen die Bevölkerung zu einem Boykott des Kaufmanns aufgerufen wurde. Mit Trainingsanzügen bekleidet, stiegen die Plakatmaler durchs Fenster, schlichen durch den großen Park, vorbei an den Tennisplätzen, kletterten wie Ausbrecher über die hohe Mauer und schritten zur Tat.

Aber richtig spannend wurde es erst am nächsten Tag, als die Polizei erschien, um die Schuldigen im »Lyceum Alpinum« zu ermitteln. Die Schulleitung tat auch alles, um den Ordnungshütern zu helfen. Alle

Verdächtigen wurden einem strengen Verhör unterzogen. Aber die »Verschwörer« hielten wie Pech und Schwefel zusammen. Alle kamen ungeschoren davon – mangels Beweisen. Auch Karlheinz Böhm.

»Hoffentlich muß ich die Geschichte nicht noch abbüßen, wenn es jetzt herauskommt«, flachste er viele Jahre später, als er schon ein Kinostar war.

Ein anderes imponierendes Erlebnis datiert ebenfalls aus seiner Schülerzeit in der Schweiz. 1940, als Zwölfjähriger, stand er zum erstenmal auf der Bühne. Die Schüler führten den Ur-Faust auf, und Karlheinz heimste in der Titelrolle den besonderen Applaus seiner Kameraden ein. Danach stand für ihn fest, daß er nicht zum Musiker, dafür aber zum Schauspieler geboren war.

Und noch eine andere wichtige Erfahrung brachte er aus der Schweiz mit: »Dort lernte ich, daß Menschen gut und böse, nicht aber schwarz oder weiß oder rot sind ...«

Inzwischen waren die dunklen Wolken des Krieges in Europa aufgezogen. Professor Böhm und seine Frau befanden sich in Wien. Karlheinz war noch immer in der Schweiz, also in Sicherheit.

Im Zeichen des totalen Krieges ging es seinen Eltern nicht anders als Millionen anderer Menschen, die um ihr nacktes Leben kämpfen mußten. Am 15. Februar 1945, als die Russen sich Wien näherten, schrieb Professor Böhm einen Brief an den Sohn: »Wir werden

Wien nun verlassen und bei Käthe Dorsch Unterkunft finden. Dorthin kannst du uns schreiben.«
Aber die Nachricht kam nie in der Schweiz an, und monatelang wußte Karlheinz nicht, wo sich seine Eltern aufhielten. Es gab ja keine reguläre Postverbindung.
Der Brief tauchte erst auf, als der Krieg schon vorbei war. Und zwar auf eine sehr merkwürdige Weise: Professor Böhm und seine Frau waren noch immer zu Gast bei Käthe Dorsch im Salzburgischen. Eines Tages saßen sie zusammen im Garten und unterhielten sich, als Thea Böhms Blick auf ein paar Papierschnitzel auf dem Boden fiel. Sie bückte sich und hob sie auf. Ihr Herz stockte. In den Händen hielt sie einen zerrissenen Brief – es war das Schreiben ihres Mannes, das er an ihren Sohn gerichtet hatte.
Wie der zerrissene Brief Monate später unter diese Bank gekommen war, blieb immer ein Rätsel.
Karlheinz Böhm erfuhr erst durch die Vermittlung der Sängerin Maria Cebotari, die damals in der Schweiz lebte, den Aufenthaltsort seiner Eltern. Daraufhin fuhr er ohne Paß und Fahrkarte mit einem Rückwanderertransportschein nach Österreich.

Der Krieg war aus. Millionen hatten ihr Leben gelassen. Aber für die anderen, die davongekommen waren, ging das Leben weiter. Auch für die Böhms. Trotz rauchgeschwärzter Ruinen. Trotz Hoffnungslosigkeit. Trotz Hunger.

Der Tausch- und Schwarzhandel blühte. Wer nicht hungern und frieren wollte, machte mit: Silberlöffel gegen ein paar Briketts, Schuhe gegen ein Stück Schokolade, Schnaps gegen ein paar Zigaretten.
Allmählich begann sich das Leben zu normalisieren, und aus der Asche wuchs auch neues künstlerisches Leben. Aber niemals war eine Zeit grausamer gewesen in der Auswahl derer, die überlebt hatten und wieder nach oben wollten.
In den politischen Wirren der Nachkriegszeit hatte Professor Böhm fast zwei Jahre Auftrittsverbot. In dieser Zeit hielt seine Frau als Gesangslehrerin die Familie über Wasser.
Erst im April 1947 erhielt ihr Mann von den österreichischen Behörden die Genehmigung, seine seit Kriegsende ruhende Tätigkeit wiederaufzunehmen. An der Grazer Oper fand er eine neue Wirkungsstätte.
Auch für Karlheinz begann ein neuer Abschnitt in seinem Leben. Sein Vater hätte es gern gesehen, wenn er Pianist geworden wäre. Er war begabt, hatte sogar Konzerte in der Schule gegeben, aber er befand sich noch in einer Phase, die von Unruhe und Schwanken gekennzeichnet war, worunter Begabte oft leiden.
Zunächst schrieb er sich an der Grazer Universität ein und studierte ein Semester Philosophie.
»Aber ich wußte nicht, was ich werden sollte. Auch Filmregie interessierte mich.«
Seine leidenschaftliche Begeisterung für den Film

hatte er aus der Schweiz mitgebracht, wo er in den Ferien oft dreimal täglich ins Kino gegangen war.

Er unterhielt sich mit der Filmschauspielerin Paula Wessely über seine Pläne. Sie war eine Freundin der Familie und drehte damals gerade unter der Regie von Karl Hartl den ersten österreichischen Nachkriegsfilm. Sein Titel: ›Der Engel mit der Posaune‹.

Die Idee der Verfilmung stammte von ihr. Beim Lesen des Romans von Ernst Lothar war sie darauf gekommen, einen Film danach zu drehen. Erzählt wird die Geschichte einer Wiener Klavierfabrikantenfamilie, die einen Engel mit der Posaune im Wappen führt. Eines Tages nahm Paula Wessely Karlheinz Böhm mit ins Atelier und stellte ihn dem Regisseur Hartl vor. Karlheinz sah einen gedrungenen Mann im Regiestuhl. Bei Karl Anton Hartl (»Karli«) – so der vollständige Name – wirkte dieses nicht allzu bequeme Möbel so gemütlich wie ein behäbiger Sessel. Auch der Regisseur, der damals schon zu den wichtigsten Persönlichkeiten des österreichischen Films zählte, strahlte etwas von dieser Behäbigkeit aus.

Aber das war nur ein äußerer Eindruck. Hartl verfügte über einen scharfen, ironischen Geist. 1899 in Wien geboren, lernte er beim legendären Filmgrafen Sascha-Kolowrat seinen Beruf von der Pike auf: als Cutter, Dramaturg und Drehbuchautor.

›Ein Burschenlied in Heidelberg‹ hieß sein erster Film (1930), danach folgte ›Berge in Flammen‹ mit

Luis Trenker, wobei er bei den Aufnahmen durch eine Sprengung ein Auge verlor.
Es folgte die ›Gräfin von Monte Christo‹, die abenteuerliche Geschichte um eine Filmkomparsin mit Brigitte Helm, Lucie Englisch, Rudolf Forster und Gustav Gründens, und ›Der Mann, der Sherlock Holmes war‹, das Muster einer Kriminalsatire mit Hans Albers und Heinz Rühmann.
In Filmen wie ›FP 1‹ und ›Gold‹ war Hartl seiner Zeit voraus mit Einfällen, die man in den heutigen aufwendigen Action-Filmen wiederfindet: schwimmende künstliche Inseln im Atlantik, unterseeische Goldfabriken, psychopathische Weltvernichter, den unbesiegbaren Helden und die schöne blonde Gespielin. Hartl drehte Abenteuerfilme fürs breite Publikum und verstand es sogar im Dritten Reich, unter Umgehung der Zensur, ein altösterreichisches Flair in seinen Filmen zu bewahren.
Als er Karlheinz Böhm erblickte, unterbrach der Regisseur für einen Augenblick seine Regieanweisungen und zupfte dabei an seinem Bärtchen.
»Wie heißt du?« wollte er wissen.
»Karlheinz Böhm.«
»Du suchst also Arbeit beim Film?«
»Ja.«
»Schön, ich kann einen Regieassistenten gebrauchen. Deine Monatsgage beträgt 120 Mark. Bist du einverstanden?«

»Und ob.«

Aber was immer sich Karlheinz Böhm in diesem Augenblick unter dem Job vorgestellt haben mag, den eines »Schlappenschammes« sicher nicht.

»In ›Engel mit der Posaune‹ war ich nämlich als »Schlappenschammes« (exakte Übersetzung: 2. Regieassistent) engagiert und hatte meine schauspielerischen Ambitionen sanft mit ebensolchen aus dem Regiefach zu übertünchen. Und so war mein erster Film meistens damit ausgefüllt, Bier zu holen, Kaffee und ähnliche Getränke, in die Kopieranstalt zu laufen, in den Schneideraum zu rennen, in die Aufnahmeleitung zu rasen – kurzum, bei Fortsetzung dieses Trainings wäre ich vielleicht noch einmal in die Nähe von unserem Goldmedaillengewinner der Winterolympiade, Georg Thoma, gekommen.

Allerdings wurde diese Lauferei ab und zu durch erfolgreiche Versuche der gesamten Belegschaft unterbrochen, den »Benjamin« liebevoll auf den Arm zu nehmen. Eines Tages erklärte man mir zum Beispiel, ein echter Regieassistent habe immer a) ein halbes

»Ich habe jetzt einen anderen Beruf«, sagt Karlheinz Böhm, »einen, der es mir ermöglicht, mit meinem Gewissen in ganz anderer Form leben zu können.« Für seine Hilfsorganisation ›Menschen für Menschen‹ besucht er im Februar 1982 das äthiopische Flüchtlingslager Babile.

Karlheinz Böhm im August 1984, auf einem Münchner Prominenten-Künstlerstammtisch – für die Aktion ›Menschen für Menschen‹ wurde dabei reichlich gespendet.

1952 begann die Filmkarriere von Karlheinz Böhm. Nach ›Haus des Lebens‹, ›Alraune‹ und ›Der Tag vor der Hochzeit‹ war er in ›Der Weibertausch‹ der Partner von Gertrud Kückelmann. Unter der Regie von Karl Anton wirkten unter anderem Viktor Staal, Carola Höhn, Rudolf Vogel, Liesl Karlstadt und Ernst Waldow mit.

Kilo Nägel, b) einen Hammer, c) eine Schere, d) Kreide, e) zehn Meter Schnur, f) eine Zange und noch anderen Kleinkram bei sich zu tragen. Am nächsten Morgen hatte ich alles bei mir, meine ausgebeulten Taschen sahen aus, als trüge ich meine Monatsgage in Pfennigstücken mit mir herum.«

Das Ensemble bestand aus einem glanzvollen Aufgebot an Stars. Neben Paula Wessely spielten Attila und Paul Hörbiger, Helene Thiemig, Hedwig Bleibtreu sowie Hans Holt in dem zu Hezen gehenden Film mit. Außerdem war noch eine junge unbekannte Schauspielerin in ihrer ersten Rolle zu sehen, die später zum Spitzenstar aufsteigen sollte: Maria Schell.

»Man hat schon damals gemerkt, daß eine starke Begabung in ihr steckt«, erinnert sich Karlheinz Böhm. »Sie war eine Frau, die mit ungeheurer Konzentration arbeiten kann und mit einer unvorstellbaren Besessenheit bei der Sache ist.«

Ob Maria Schell damals wohl ahnte, daß auch der Regievolontär schon bald ein gefeierter Star sein würde? Tatsache ist: Karlheinz lernte bei Hartl viel und erreichte am Ende mehr, als er sich erträumt hatte. Kurz vor Schluß der Dreharbeiten stellte sich heraus,

Zum obdachlosen Vagabunden ist der Dorfschullehrer und Komponist Hans Ritter nach einer unglücklichen Liebe abgesunken. Karlheinz Böhm spielte diese Rolle in dem Film ›Der unsterbliche Lump‹ (1953); seine Partnerinnen waren Heliane Bei und Ingrid Stenn, die Regie führte Arthur Maria Rabenalt.

daß für eine kleine Rolle niemand verpflichtet worden war. Hartl zögerte nicht lange, schnappte sich seinen jungen Regieassistenten und drückte ihm den Text in die Hand.
So stand Karlheinz plötzlich vor der Kamera und war der Sohn von Maria Schell. Durch den berühmten Zufall war ihm der Sprung auf die Leinwand gelungen. Stolz telegrafierte er nach Hause. Sein Vater staunte.
Nach Beendigung der Dreharbeiten stand jedoch keineswegs fest, daß Karlheinz ›in der Branche‹ bleiben würde. Ganz im Gegenteil.
»Anschließend war ich noch einmal Regieassistent bei Geza von Cziffra, mußte aber wegen Krankheit aufhören und fuhr dann, als ich wieder gesund war, nach Rom, um Kunstgeschichte zu studieren. Eine Zeitlang fühlte ich mich nicht so ganz wohl in Rom. Rom, wie man es als Tourist oder Neuling kennenlernt, ist eine herrliche Kulisse, hinter der sich das eigentliche Rom versteckt. Wie es wirklich ist, lernt man erst nach einiger Zeit kennen, wenn man länger dort ist, wenn man in die kleinen Tavernen geht, wenn man die Menschen auf den Straßen singen hört, wenn man mit ihnen mitsingt und mit ihnen ihre Volksfeste miterlebt. Einmal fuhr ich im D-Zug 3. Klasse bis Neapel und habe mich mit den Mitreisenden in meinem nicht sehr guten Italienisch glänzend unterhalten. Ich war begeistert von der überschäu-

menden Lebensfreude und der Herzlichkeit, die man selbst noch bei den ärmsten Fischern von Neapel vorfindet. Es waren unvergeßliche Eindrücke für mich.«
Als er zurückkam, fand er ein Telegramm aus Wien mit einem Filmangebot vor.
»Ich war überrascht, daß man mir plötzlich nach längerer Zeit wieder eine kleine Rolle anbot. Der Film sollte ›Klavierspielereien‹ heißen. Ich fuhr dann auch gleich nach Wien, aber als ich dort ankam, war der Film bereits geplatzt, wie man in der Branche sagt. Es war ein Stoff von Willy Forst.«
Da er Semesterferien hatte, blieb Karlheinz gleich in Wien.
»Ich traf damals Erni Mangold. Sie erzählte mir, daß sie bei Helmut Kraus am Burgtheater Schauspielunterricht gehabt habe. Aus der gleichen Schule war auch Oskar Werner hervorgegangen. Nun wollte auch ich Schauspielunterricht nehmen.«
Also Schluß mit der Regieassistenz und den Universitätsvorlesungen.
Bei seinem Vater stieß Karlheinz mit seinen neuen Plänen auf keinen Widerstand.
»Es ist oft gesagt worden, es sei kein Kunststück, bei dem Vater Karriere zu machen. Aber ich habe keine Hilfe durch meinen Vater erhalten. Das einzige war, daß er mir nichts in den Weg gelegt hat. Mein Ziel ging dahin, daß ich es einmal verdiene, den Namen Künstler zu tragen.«

Karriere nach dem blauen Brief

»Beim Film bekommt der Zuschauer
den Schauspieler aus fünfter Hand serviert.
Statt direkt zu sehen und zu hören, wird die
schauspielerische Leistung zuerst durch
die Kamera, dann durch die Tonapparatur,
schließlich durch die Kopiermaschine
und anschließend noch durch die
Vorführanlage gedreht. Und dabei sollen
dann noch richtige Menschen herauskommen . . .«

Der junge Mann, der durch die belebten Wiener Straßen seinem Ziel zustrebte, war aufgeregter als sonst. Dieser Tag war ohne Frage der wichtigste in seinem Leben.

Es war ein Tag der Entscheidung,

Falls er scheiterte, dann konnte er all die Träume vergessen, in denen er sich vor einem begeisterten Publikum verneigte und Ovationen entgegennahm.

»Nun gut, du kannst dich bei der Schauspielschule des Wiener Burgtheaters bewerben«, hatte sein Vater gesagt. Ein ordentliches Schauspielstudium auf einer guten Schule – das war die väterliche Bedingung für den ›Kurswechsel‹ des Sohnes gewesen.

Er mußte also Erfolg haben. Er hielt einen Moment vor dem Eingang der Schule inne und atmete tief durch. An dieser traditionsreichen Stätte hatten schon viele große Stars ihren künstlerischen Weg begonnen. Hier waren Träume vom Theater, vom Ruhm und vom Glanz entstanden, aber auch vergessen und begraben worden.

Dann war es soweit.

»Können Sie mir mal etwas vorsprechen?«

Aufmerksam betrachtete Helmut Kraus den Schauspielanwärter, der sich um Aufnahme in die Schule bewarb.

Kraus hatte den Ruf, ein harter Lehrer zu sein, der seinen Schülern nichts schenkte.

Karlheinz wurde blaß.

»Nein.«

Er kannte keine Rolle. Der Anfang war also nicht sehr ermutigend. Er warf Kraus einen schnellen Blick zu.

»Lernen Sie das«, sagte Kraus und reichte ihm ein Rollenbuch. Es war sein Lieblingsstück, ›Ingeborg‹ von Curt Goetz, und es gab keinen Anfänger in der Schule, der dieses Stück nicht ›verdauen‹ mußte.

Karlheinz stürzte sich in die Arbeit. Er hatte die Absicht, so viel wie möglich zu lernen. Mit Fleiß und Gewissenhaftigkeit schulte er unermüdlich seine Zunge und las alle Rollenbücher, deren er habhaft werden konnte.

Zu seinen Lehrern gehörte auch Albin Skoda, ein leuchtender Stern am Bühnenhimmel und eines der prominentesten Mitglieder des Burgtheaters.

Als er ganze 15 Jahre alt gewesen war, hatte der

gebürtige Wiener Skoda mit Schillers Ferdinand am Burgtheater debütiert. Den ersten Begriff vom Theater hatte ihm sein Vater beigebracht. Und der »alte Skoda« war ein stadtbekanntes Original gewesen. In den Vorkriegsjahren hatte er im Grand Hotel am Wiener Ring unter den Kellnern schwungvoll Verse aufgesagt. Er sollte die Freude noch erleben, daß aus seinem Söhnchen der große Skoda wurde.
Ein Fanatiker der Verwandlung. Ein Virtuose des Mimischen. Der zuerst nervig-schlanke, vom Pathos befallene jugendliche Liebhaber spielte und sich dann später vom Hamlet und Tasso in einen in allen Höllenfeuern gehärteten Franz Moor, einen natternhaften Richard III., einen abgefeimten Jago und in einen glanzvollen Marc Anton verwandelte.
Kein Geringerer als Josef Kainz, der fast auf den Tag zwölf Monate nach Skodas Geburt starb, war sein Idol. Das mag Wiener Tradition gewesen sein. Aber Skoda fühlte sich dem Prinzen aus dem Genieland verwandt. Er eiferte ihm nach, las alles, was über Kainz geschrieben worden war, und sammelte Kainz-Reliquien, die vom Erden- und Bretterwandel des Idols kündeten.
Skoda fühlte sich nicht wohl, wenn er am Abend nicht auf der Bühne stehen konnte. In den letzten zwölf Jahren vor seinem Tod – er starb 1961 in Wien nach einem Schlaganfall – spielte er achtzehnhundertmal am Wiener Burgtheater.

Bei diesem großartigen Rezitator also ging Karlheinz in die Schule, und bald erlebte sein Lehrer eine Überraschung: Der Sohn des berühmten Dirigenten nahm die Schauspielerei ernst. In knapp vier Monaten lernte er acht Rollen, und bei der nächsten Schulaufführung von ›Ingeborg‹ spielte er den Peter.
Bei dieser Aufführung saß ein Mann in der ersten Reihe, der für Böhms Karriere von entscheidender Bedeutung sein sollte: Burgtheaterdirektor Josef Gielen. Ihn überzeugte der Sohn seines Kollegen von der Staatsoper durch seine schauspielerische Leistung. Er war sicher, in diesem jungen unbekannten Mann ein Talent entdeckt zu haben. Er bot ihm einen Stückvertrag für das Burgtheater an. In ›Der junge Herr von vierzig‹ sollte Karlheinz als Partner von O. W. Fischer und Maria Eis sein Debüt geben.
Für Karlheinz erfüllte sich ein Künstlertraum.
»Es war wunderbar.«
Die Bretter dieser Bühne bedeuteten nicht nur die Welt, sondern auch die höheren Weihen eines besseren Mimentums. Das Burgtheater war der Olymp des Theaters, wo Götter wie Kainz und Moissi thronten.
Der Tag, an dem er zum erstenmal auf der Bühne des Burgtheaters stehen sollte, rückte näher, und Karlheinz wurde immer nervöser.
Dann war es soweit. Der Vorhang hob sich. Seine erste Premiere begann.
Die ganze Zeit hatte er auf diesen Augenblick gewar-

tet, eines Tages an der »Burg« zu spielen, und das Publikum würde dasitzen und ihn bewundern.
Jetzt, als es soweit war, hatte er unbeschreibliche Angst. Er konnte kaum noch denken und starrte vor sich hin. Er zitterte wie bei einem Fieberanfall. Nur O. W. Fischers geduldiges Zureden verhinderte eine Katastrophe.
Karlheinz trat auf die Bühne und sprach den ersten Satz. Und das Wunder geschah. Von Sekunde zu Sekunde wurde er freier. Er verlor die Angst. Endlich konnte er das tun, was er sich immer gewünscht hatte. Beim Publikum kam der »Neue« an.
»Eigentlich war es ein absolut nichtssagendes Debüt«, so Karlheinz Böhm. »Eine unbedeutende kleine Rolle. Trotzdem bekam ich einen Jahresvertrag, den ich natürlich mit größter Freude annahm. Ja, und dann kam ich auch nicht mehr los. Denn nun hatte ich schon soviel Blut geleckt, spielte kleinere und größere Rollen nebeneinander, daß ich es nicht mehr lassen konnte.«

Seine erste größere Rolle bekam er in dem Stück ›Theater‹ von Somerset Maugham, in dem er den Sohn von Käthe Dorsch spielte, die die Hauptrolle hatte.
»Direktor Gielen war recht zufrieden mit mir und gab mir dann auch gleich wieder eine Rolle. Auch diesmal sollte ich den Sohn von Käthe Dorsch darstellen. Das

Stück hieß ›Die Kinder Eduards‹. Während der Proben erhielt ich aber den berühmten blauen Brief, mit dem mir Direktor Gielen mitteilte, daß er der Meinung sei, daß meine Begabung doch mehr auf dem Gebiet der Regie als auf der Seite der Darsteller läge.« Das war's also.

Obwohl es für Karlheinz ein Schock war, nahm er den blauen Brief ohne Widerspruch entgegen. Er haßte Auseinandersetzungen.

Käthe Dorsch half ihm in dieser Zeit wie eine Mutter. Sie sprach ihm Mut zu und ließ ihn seine Angst vergessen. Sie war nicht nur mit der Familie Böhm befreundet, sondern auch eine große Tragödin und eine Diva der Operette, die als Virtuosin des Herzens und einer von Gott geschenkten Technik die Sprache eines Reißers ebenso beherrschte wie die innigen Töne des Volksschauspiels und die dialektische Mundfertigkeit der Posse, die erhabene Rhetorik einer klassischen Gestalt ebenso wie die frivole Konversation eines Boulevardstücks.

In der Oberpfalz, in Neumarkt, wurde sie geboren, in Nürnberg hat sie ihre Kindheit verlebt und ihren ersten Schauspielunterricht erhalten. Dann ging sie zur Operette. In Berlin wechselte sie vor dem Ersten Weltkrieg bald zum Theater über und wurde ein Star der Schauspielkunst, feierte in Berlin, in Wien, in Zürich und an zahllosen anderen Bühnen große Erfolge. Die Rose Bernd, die Candida, die ›Maria

Stuart‹, Frau Alving in den ›Gespenstern‹, Frau John in den ›Ratten‹, Frau Warren von Shaw gehörten zu ihren bedeutendsten Leistungen.
Sie spielte tausend Rollen und hat auch in vielen Filmen mitgewirkt. Mit Gustav Gründgens drehte sie ›Eine Frau ohne Bedeutung‹. Mit Hans Albers war sie in dem Film ›Savoy-Hotel 217‹ zu sehen. Johannes Riemann war ihr Partner in ›Yvette‹. Mit Ferdinand Marian stand sie für den Film ›Morgen werde ich verhaftet‹ vor der Kamera.
Einer ihrer größten Erfolge war jedoch ›Mutterliebe‹ mit Paul Hörbiger. Etwas von dieser Liebe übertrug sie auch auf Karlheinz in jener hoffnungslosen Situation, als er den blauen Brief von Burgtheaterdirektor Gielen bekommen hatte.
»Käthe Dorsch sprach mir in dieser Zeit immer wieder Mut zu. Ich sollte den Kopf nicht hängen lassen und nicht aufgeben, da sie überzeugt sei, daß aus mir noch etwas werden könnte.«
Die »Seelenmassage« wirkte Wunder. »Bei der Premiere von ›Theater‹ hatte ich meinen ersten größeren Erfolg, auch von Seiten der Kritik her, und das Stück lief dann sehr lange. Schon in den ersten Tagen kam der Direktor des Theaters in der Josefstadt, Rudolf Steinböck, und bot mir eine Rolle an. Nun hatte ich die Krise, trotz des blauen Briefes, schnell überwunden. Einen Tag später – nachdem ich mich bereits für das Theater in der Josefstadt entschieden hatte, be-

kam ich dann auch von Direktor Gielen wieder einen Vertrag angeboten. Er habe sich doch geirrt, sagte er.« Doch Karlheinz ließ sich nicht umstimmen.

»Ich ging, und das war gut so. Es ist für einen jungen Menschen nicht leicht, gleich an der Burg oder einem anderen großen Theater anzufangen, es sei denn, daß man eine ganz geniale Begabung hat.«

Die Lage sah für ihn also wieder hoffnungsvoll aus, als er zum Theater in der Josefstadt wechselte und den Jahresvertrag unterschrieb, den Rudolf Steinböck ihm anbot. In dem Barocktheater, in dem einst Max Reinhardt gewirkt hatte, war ein anderer Stil gefragt – man spielte zurückhaltender als an der »Burg«.

Das war auch eine Ausdrucksform, die Karlheinz Böhm lag. Er war ein leiser Mensch, dessen Sprache und Auftreten keine Dissonanzen kannten.

Als Partner von Petra Unkel erlebte er in der Hans-Jary-Inszenierung ›Spiel im Schloß‹ seinen ersten großen Erfolg. Das Stück wurde über hundertfünfzigmal aufgeführt.

Nach diesem Theater-Marathon wollte er eine Ruhepause einlegen und besuchte im Mai 1952 seinen Vater in Wiesbaden. Professor Karl Böhm dirigierte damals auf den Mai-Festspielen.

Aber nach einem Anruf aus München änderte Karlheinz Böhm kurzfristig seine Pläne.

Der Regisseur Hartl war am Telefon.

»Hast du Lust, eine Filmrolle zu übernehmen?«

»Warum sollte ich keine Lust haben?«
»Also, dann kommst«, sagte Hartl.
»Wie heißt der Film?« frage Karlheinz. »Was ist es für eine Rolle, und wer spielt noch mit?«
Hartl: »Der Film heißt ›Das Haus des Lebens‹, und deine Partner sind Gertrud Kückelmann, Cornell Borchers und Gustav Fröhlich.« Und nach einer Atempause: »Also kommst?«
Keine Frage: Der Film lockte. Karlheinz Böhm überlegte nicht lange und fuhr nach München, wo er alles weitere erfuhr.
Es war zwar nur eine Fünf-Tage-Rolle, die Hartl ihm anbot, aber die Filmarbeit machte ihm Spaß. Mit Pullmannmütze und Hornbrille spielte er einen Reporter, dessen Frau Zwillinge bekam.
Sich im Studio vor der Kamera zu bewegen war völlig anders als auf der Bühne, aber wenn er die gleiche Szene vor der Kamera spielen mußte, war es nicht dasselbe. Die Kamera konnte unberührt bleiben. Wen sie nicht mochte, zu dem war sie grausam.
Doch Karlheinz Böhm schien sie zu mögen. Das erkannte auch der Regisseur Arthur Maria Rabenalt, der gerade »Alraune« mit Hildegard Knef in der Hauptrolle vorbereitete und einen jungen Mann suchte, der die zwielichtige Rolle des Frank Braun übernehmen sollte.
»Rabi« Rabenalt war ein Wiener mit vielen Gesichtern, der als Rechtsanwaltssohn erst relativ spät, quasi

»wider Willen«, nach einer mehr als erfolgreichen Theaterlaufbahn den Weg in die Filmateliers gefunden hatte und bald einer der meistbeschäftigten Regisseure des deutschen Films wurde.

In den zwanziger Jahren sorgte er in Berlin mit »provokativer Avantgarde« für Aufregung, inszenierte Opern ausgerechnet bei Otto Klemperer, dem schwersten Widersacher seines Schwiegervaters Bruno Walter, bekam unter den Nazis Regie-Verbot, stieg 1945 ins Showgeschäft ein und verlor dann endgültig. Seine berühmtesten Filme aus dieser Zeit: ›Eine Frau, die weiß, was sie will‹ mit Lilli Palmer und der doku-

Einen jungen Arzt zwischen zwei Frauen spielte Karlheinz Böhm in dem Film ›Die Sonne von St. Moritz‹ (1954, Regie: Arthur Maria Rabenalt) – hier in einer Szene mit Signe Hasso. In weiteren Hauptrollen waren Winnie Markus, Claus Biederstaedt und Heinrich Gretler zu sehen.

Auf dem Flug von München nach Berlin hatte Karlheinz Böhm seine erste Frau kennengelernt, die Stewardeß Elisabeth Zonewa aus Bulgarien. Auf einem Filmfest 1954 war Brigitte Bardot (im unteren Bild links) ihre Tischnachbarin.

Ruhm und Fluch zugleich: Mit ›Sissi‹ (1955) begann für Karlheinz Böhm und Romy Schneider eine glanzvolle Karriere. Unter der Regie von Ernst Marischka spielten sie den jungen Kaiser Franz Josef und die Prinzessin Elisabeth von Bayern. Jahrelang waren sie auf dieses Rollenimage festgelegt.

Karlheinz Böhm und Claus Biederstaedt als Offiziere der deutschen Kriegsmarine in ›Blaue Jungs‹ (1957). Wolfgang Schleif führte die Regie bei dieser Liebesromanze unter tanzenden Eingeborenen, Viktor Staal und Walter Giller waren unter anderen Böhms Partner.

Karlheinz Böhm und Romy Schneider als erfolgreichste Nachwuchsstars des Jahres 1955, ermittelte durch eine Umfrage bei Kinobesitzern und Filmkritikern die Fachzeitung ›Der neue Film‹. Bei der Preisverleihung wurde Romy Schneider eine Gala-Kutsche aus Porzellan überreicht.

mentarische Krimi ›Mann im Schatten‹ (Mordkommission), der erstmals den Schauspieler Helmut Qualtinger bekannt machte.
Aufspürer von neuen Talenten zu sein, das hat Rabenalt stets auch als seine wesentliche Aufgabe gesehen: »Ich habe sehr oft meine eigenen Interessen als Regisseur zurückgestellt, um meine Pflicht als Entdecker von Talenten zu erfüllen.«
Genannt seien nur einige, die A.M.R. ihre Karriere verdanken: Lilli Palmer, Lotte König, Angelika Hauff, Cornell Borchers, Johanna Matz, Petra Peters.
Der Routinier Rabenalt sah sofort, welches Gesicht das gewisse Etwas hatte und auf der Leinwand zu Leben erwachte und alle Qualitäten besaß, um ein Stargesicht zu werden. So war er auch überzeugt, daß Karlheinz Böhm das gewisse Etwas hatte.
Er zog ihn in die engere Wahl für die Rolle des Frank Braun in der ›Alraune‹-Verfilmung. Insgesamt standen 32 junge Schauspieler als Bewerber Schlange.
»Wir werden nicht darum herumkommen, Probeaufnahmen zu machen«, sagte Rabenalt.
Karlheinz nickte.
»Sind Sie eigentlich mit dem Generalmusikdirektor

Nach dem überwältigenden Erfolg von ›Sissi‹ (1955) wurde auch die Fortsetzung ›Sissi, die junge Kaiserin‹ (1956) ein Kassenschlager. Karlheinz Böhm und Romy Schneider, das Film-Traumpaar der fünfziger Jahre, standen 1957 noch einmal vor der Kamera: in ›Sissi – Schicksalsjahre einer Kaiserin‹.

Doktor Karl Böhm verwandt?« fragte Rabenalt.
»Ja, das ist mein Vater.«
Rabenalt lächelte.
»Ich kenne Ihren Vater. Bestellen Sie ihm einen schönen Gruß von mir.«
Zwanzig Jahre zuvor hatte er Karl Böhm in Darmstadt als Opernchef kennengelernt. Zur gleichen Zeit war Rabenalt dort als Opernregisseur tätig gewesen.
Dann kam Rabenalt zur Sache.
»Das Drehbuch ist leider noch nicht fertig. Sprechen Sie irgendeinen Text vor.«
Er gab dem Kameramann einen Wink.
»Kamera ab!«
Karlheinz war einen Augenblick hilflos. Er hörte das Surren der Kamera. Was sollte er vortragen?
In dieser Schrecksekunde wählte er einen Monolog aus Wildgans' ›Armut‹.
Der Test dauerte nur ein paar Meter Filmstreifen. Als die Probeaufnahmen später vorgeführt wurden, gab es nur Kopfschütteln bei Gloria-Chefin Ilse Kubaschewski und Co-Produzent Haas: Ein hoffnungsloser Fall. Nein, das war nicht der junge Mann, den man für die Rolle des Studenten Frank Braun suchte.
Eine bittere Pille für Karlheinz. Er hatte von einer großen Filmkarriere geträumt, jetzt sah er nur noch Scherben.
Nur Hildegard Knef, die auch ein Wort mitzureden hatte, hielt ihn nicht für einen »hoffnungslosen

Fall«. Nach der Vorführung lud sie ihn zum Abendessen ein. Auch ein Tänzchen in Ehren gehörte zur Therapie. Unter fröhlichen Menschen und mit ein bißchen Musik munterte sie ihn auf, damit er schnellstens sein angeknackstes Selbstvertrauen wiederfand. »Ich werde sehen, was ich für Sie tun kann«, sagte die Knef. »Jetzt nur nicht den Kopf hängenlassen.«

Aber das war leichter gesagt als getan.

Karlheinz war in Weltuntergangsstimmung. Er ging in sein Hotel und schloß sich ein.

»Ich lief wie ein Tiger auf und ab und hoffte, daß es noch klappen würde.«

In der Zwischenzeit lag die Knef den Verantwortlichen des Verleihs so lange in den Ohren, bis sie Arthur-Maria Rabenalt und Ilse Kubaschewski überzeugt hatte: Neue Probeaufnahmen wurden angesetzt.

Inzwischen waren fast vier Wochen vergangen, und das Drehbuch war fertig. Rabenalt studierte mit Hildegard Knef und Karlheinz Böhm eine Szene ein. Diesmal fiel der Test positiv aus, und Karlheinz hatte die Rolle.

Unvergeßlich die erste große Liebesszene mit der Knef. »Mensch, du liegst mir auf der Brust wie'n Stein«, klagte sie. »Ich kann ja gar nicht atmen.«

Trotz dieser »Liebes-Panne« gelang ihm mit ›Alraune‹ der Durchbruch, und bei der Premiere erntete er den gleichen Applaus wie seine große Kollegin Hildegard Knef. Mit einem Schlag hatte ihn der Film aus der Masse der unbekannten Gesichter, die auf eine Chance warteten, herausgehoben, und er war ein paar Sprossen weiter auf der Leiter zum Leinwandruhm. Zuvor mußte er jedoch seinen Vertrag im Theater in der Josefstadt in Wien erfüllen und spielte als letztes Stück Tennessee Williams' ›Tätowierte Rose‹. Dann siedelte er endgültig nach München über, der Stadt, wo genau vor dreißig Jahren die Karriere seines Vaters, des Generalmusikdirektors, und seiner Mutter, der ersten Sopranistin der Bayerischen Staatsoper, begonnen hatte.

1957 war er der erste männliche Schauspieler, der von der neugegründeten Ufa einen Vierteljahresvertrag erhielt. Nun ging es Schlag auf Schlag. Mit einem »Salto mortale« stürzte er sich in die weitere Filmarbeit, mit Gertrud Kückelmann spielte er ›Weibertausch‹, mit ›Arlette‹ eroberte er Paris, und unter Verhoevens Regie erlebte er ›Hochzeit auf Reisen‹. In dem Film ›Sonne von St. Moritz‹ spielte er einen Komponisten.

Besonders stolz konnte er darauf sein, daß er seine Karriere im Alleingang gemacht hatte – ohne irgendwelche Protektion und Hilfestellung durch seinen berühmten Vater, der anfangs nicht glücklich war mit

der Berufswahl seines Sohnes. Aber er akzeptierte es, daß Karlheinz sich sein Leben selbst aufbauen und unabhängig sein wollte.
Auch in finanzieller Hinsicht. Nachdem er seine erste Filmgage erhalten hatte, konnte er sich einen langersehnten Wunsch erfüllen: den Führerschein.
Karlheinz Böhm drehte einen Film nach dem anderen. Und dann kam der Regisseur Ernst Marischka und bot ihm eine neue Rolle an. In dem Film ›Sissi‹ sollte er neben der jungen Romy Schneider den österreichischen Kaiser Franz Josef spielen.
Für Ernst Marischka, diesen liebenswürdigen Wiener, gehörte die oft verkitschte Operettenglückseligkeit der alten Kaiserstadt an der blauen Donau einfach mit zum Film. Jetzt wollte er einen Coup landen, der Hollywood k.o. schlagen sollte. Eine »wahre Geschichte« um die romantische Begegnung, um Krönung und Ehe der jungen bayerischen Prinzessin Elisabeth und des österreichischen Kaisers.
Kein Zweifel: Marischka besaß ein Gespür für Themen und Stars. Vor 25 Jahren hatte er Magda Schneider entdeckt. Jetzt wollte er ihre Tochter Romy und Karlheinz Böhm zu zwei Weltstars machen.
Der Regisseur arbeitete nach einem besonderen Prinzip. Er schrieb seine Drehbücher selbst und begann mit der Arbeit erst, wenn er seine Schauspieler ausgewählt hatte.
Schon vor Jahren war ihm Karlheinz Böhm bei einer

Aufführung im Theater in der Josefstadt aufgefallen. Ein leichtes Unterhaltungsstück mit dem Titel ›Räuberg'schichten‹ wurde gespielt.

In einer unbedeutenden Rolle trat Karlheinz Böhm auf. Marischka kannte damals seinen Namen noch nicht. Er zog das Programm aus der Tasche, um nachzusehen. Aber in der Dunkelheit konnte er den Namen des Darstellers nicht lesen.

»Wer ist dieser junge Mann?« fragte er seine Frau.

Lilli Marischka wußte Bescheid.

»Das ist Karlheinz Böhm.«

»Der könnte vielleicht der junge Kaiser Franz Josef sein«, sinnierte Marischka. Denn schon damals plante er, die ›Sissi‹-Filme zu drehen.

Als es dann Jahre später soweit war, ließ er nicht locker, um Karlheinz Böhm die »Kaiser«-Rolle schmackhaft zu machen.

Nach den vielen »leichten Rollen« wollte der Schauspieler endlich etwas Ernsthaftes spielen. An einem »Kaiserschmarren« lag ihm nichts.

»Ich war im Zweifel, ob ich den Film überhaupt machen sollte, und hätte beinahe auch abgelehnt, weil ich zu dieser speziellen Filmart gar keine wie immer geartete Beziehung hatte und ihr bis zu einem gewissen Grad sogar ablehnend gegenüberstand.«

Aber Marischka, der große »Zauberer und Verzauberer«, brachte ihn schließlich doch dazu, wenigstens einmal einen Blick in das Drehbuch zu werfen. Nachdem er es gelesen hatte, unterschrieb Karlheinz Böhm den Vertrag. Es war ein Schritt, der Folgen haben sollte für sein ganzes Leben.

Die große Liebe begann über den Wolken

»Die drei Frauen, mit denen ich mein Leben verbracht habe, könnten mir allein den Vorwurf machen, daß ich überhaupt geheiratet habe, nicht mein Verhalten . . .«

»Ich habe nicht auf Anhieb einen Menschen gefunden, mit dem ich mein Leben verbringen kann ...«

Als Karlheinz Böhm in einem »Tischgespräch« mit dem Journalisten Gerd Courts im November 1979 zu dieser Einsicht kam, war er bereits 51 Jahre alt und Vater von fünf Kindern.

Drei Ehen lagen hinter ihm: mit der Stewardeß Elisabeth (»Li«) Zonewa (1954-1957), der Schauspielerin Gudula Blau (1958-1962) und der Schauspielerin Barbara Lass (1963-1980).

Welche Rollen haben die Frauen in seinem Leben gespielt?

Blenden wir zurück in das Jahr 1953, als er noch jung war und im Begriff stand, eine glänzende Karriere zu machen.

Natürlich war ein Mann mit seinem Aussehen der Schwarm vieler Frauen. Aber von Anfang an hat er alles getan, um seinen Namen aus den Klatschspalten herauszuhalten. Eine Zeitlang sah man ihn mit seiner Partnerin Gertrud Kückelmann, auch mit Anneliese Kaplan wurde er in Verbindung gebracht.

Doch niemals gab es darüber irgendein Gerede. Auch nicht, als eines Tages eine junge Stewardeß der ›Air France‹ in sein Leben trat.

Berlin 1953. Auf dem Flugplatz Tempelhof kletterte Karlheinz Böhm in die ›Air France‹-Maschine nach München. Er kam von der Premiere des Films ›Salto Mortale‹.

»Die Maschine der ›Air France‹ ging schon um sieben Uhr«, erzählte er später Journalisten. »Ich war todmüde und ließ mich in einen Sessel fallen und schlief auch gleich ein.«

Hinter ihm lagen aufregende Monate. Hetzjagden von Termin zu Termin. Durchwachte Nächte im Filmatelier und zermürbende Theater-Proben. Seit ›Alraune‹ hatte er vier Filme gedreht.

»Als ich aufwachte, waren wir schon längst in der Luft. Es war mir nicht so ganz gut, und da die Stewardeß zufällig vorbeikam, fragte ich sie: ›Können Sie mir nicht einen starken Kaffee machen?‹

›Aber gern‹, sagte sie.

Kurz darauf brachte sie dann auch den Kaffee und meinte: ›Der wird Ihnen sicher guttun.‹

Ich trank den Kaffee, der wirklich gut war. Weil ich nicht wieder einschlafen wollte, wandte ich mich noch einmal an die Stewardeß: ›Ich bin noch nicht sehr oft geflogen, könnte ich mir die Pilotenkanzel ansehen?‹

›Ich will mal sehen‹, sagte sie und verschwand in Richtung Kanzel.

Der Pilot hatte nichts dagegen einzuwenden, und ich ging also vor. So kamen wir ins Gespräch, und ich erfuhr, daß ich eine Bulgarin vor mir hatte, worauf ich sie dann etwas näher betrachtete, obwohl ich schon während des Gesprächs beeindruckt war.

Kurz nach der Landung in München fragte ich sie dann, ob sie schon verlobt sei.

›Nein‹, sagte sie.

›Und Sie – sind Sie schon verheiratet?‹ wollte sie dann von mir wissen.

›Nein, ich bin noch zu haben‹, gab ich dann scherzhaft zur Antwort und wollte gehen.

Darauf meinte sie: ›Sagen Sie das nicht zweimal, sonst heirate ich Sie.‹

Wir verabschiedeten uns lachend und versprachen beide, einmal zu schreiben. Zu Weihnachten schrieben wir uns dann auch eine Postkarte. Das war alles.«

Die charmante Stewardeß hieß Elisabeth Zonewa. Sie hatte bulgarische, österreichische und französische Vorfahren. Ihr Vater, ein Rechtsgelehrter, war inter-

niert. Mutter und Tochter waren in den Westen geflüchtet.
Für das junge Mädchen mit dem aparten Gesicht war es nicht leicht gewesen, sich durchzuschlagen. Aber mit Energie und Selbstbewußtsein war Elisabeth ihren Weg gegangen. Erst arbeitete sie bei der Presse-Foto-Agentur Keystone in München. Später wechselte sie zur ›Air France‹ und wurde Stewardeß.
Als sie Karlheinz Böhm im Flugzeug kennenlernte, war sie mit einem Flugkapitän der ›Air France‹ verlobt.
Ein Jahr verging.
Karlheinz Böhm stand mit Winni Markus, Signe Hasso und Erik Frey für Rabenalts ›Die Sonne von St. Moritz‹ vor der Kamera. Es folgte der Film ›... und ewig bleibt die Liebe‹ mit Ulla Jacobsson unter Wolfgang Liebeneiner. Seine Gagen stiegen. Seine Beliebtheit wuchs.
Kurz vor Ostern 1954 ging er wieder an Bord einer Maschine der ›Air France‹.
»Diesmal flog ich in umgekehrter Richtung – von München nach Berlin. Eigentlich wollte ich erst zwei Tage später reisen, aber meiner Mutter zuliebe wechselte ich das Flugzeug, um mit ihr zusammen fliegen zu können. Als ich die Kabine betrat, stand Elisabeth vor mir.
Alle waren damals ein bißchen aufgeregt, und die französische Chefstewardeß hielt einen Vortrag. Sie

sagte, das Wetter sei schlecht, weshalb den Fluggästen das Essen vielleicht nicht schmecken würde. Tatsächlich kamen wir in einen mörderischen Sturm, und schon nach zehn Minuten war es fast allen übel.
Karlheinz Böhm – »mir selbst war Gott sei Dank nicht schlecht« – beobachtete, wie Elisabeth Zonewa die luftkranken Passagiere versorgte. Das Mädchen in der blauen Uniform gefiel ihm. Aber erst kurz vor der Landung in Berlin hatte er Gelegenheit, mit ihr zu sprechen.
»Was machen Sie denn zu Ostern?« fragte er.
»Ich werde bei meiner Mutter in München sein«, sagte sie.
»Da hätte ich eine bessere Idee«, sagte er. »Ich drehe in Berlin gerade einen Film – wollen Sie mich nicht besuchen?«
Sie sah ihn offen an und meinte darauf: »So schlecht wäre diese Idee bestimmt nicht.«
»Ja, es gibt keine bessere«, sagte er. »Also kommen Sie?«
Elisabeth Zonewa nickte. »Ja.«
Sie kam wirklich.
Er holte sie vom Flugplatz ab. Zum Empfang überreichte er ihr einen großen Strauß roter Rosen. Dann gingen sie zu seinem Wagen und fuhren los.
Plötzlich stoppte Karlheinz Böhm mitten auf der Straße. Er blickte Elisabeth an: »Willst du mich heiraten?«

»Ja . . .«
Ihm genügte dieses Wort.
»Vier Wochen später waren wir verlobt, und im August heirateten wir in Grünwald in aller Stille.«
Er wollte aus seiner Hochzeit »keinen öffentlichen Klamauk« machen. Den Standesbeamten hatte er gebeten, von einem öffentlich ausgehängten Aufgebot abzusehen.
Tatsächlich gelang es ihm, die Journalisten auszutricksen. So existiert von dieser Hochzeit am 18. August 1954 nicht ein einziges Pressefoto.
Am 20. September 1955 wurde die Tochter »Sissi« geboren. Zu dieser Zeit befand sich Karlheinz Böhm im Zenit seiner Karriere, und der Film ›Sissi‹ brach alle Kassenrekorde in den deutschen Filmtheatern.
Seine Tochter erhielt noch mehrere Namen, darunter auch einen sehr schönen bulgarischen: Draga, was in wörtlicher Übersetzung »Liebe« heißt.
In München, das seine neue Wahlheimat geworden war, kaufte Karlheinz Böhm eine Villa. Im Erdgeschoß gab es drei große Räume, die durch Schiebetüren getrennt waren. Zwei Zimmer waren für Gäste

Karlheinz Böhm mit seinem Vater, dem weltberühmten Dirigenten Karl Böhm.

Siebzehn Jahre alt war Gudula Blau, als Karlheinz Böhm sie kennenlernte. Das blonde Filmsternchen wurde seine zweite Frau.

und halboffizielle Anlässe eingerichtet. Das dritte Zimmer diente als »Musikstudio«. Darin waren der Flügel und die große Plattensammlung untergebracht: rund 500 Aufnahmen, hauptsächlichklassische Musik.

Der Musik verdankte Karlheinz Böhm viele wichtige Eindrücke in seinem Leben. Ein freudiges Erlebnis war es für ihn, als am 15. November 1955 sein Vater in der wiederaufgebauten Wiener Staatsoper den Taktstock hob, um die Musikwelt mit der dritten Leonoren-Ouvertüre in jubelnde Begeisterung zu versetzen. Ein schreckliches Erlebnis war es für ihn, als fünf Monate später ein Teil des Wiener Opernpublikums den von einer Amerika-Tournee zurückgekehrten Professor Karl Böhm auspfiff, seine ›Elektra‹ in einem Höllenspektakel untergehen ließ und ihn am Bühnenausgang fast verprügelt hätte.

›Zu heiß, um anzufassen‹ scheint Kurvenstar Jane Mansfield – zumindest ließe sich so der Titel des Films ›Too Hot to Handle‹ übersetzen, den Karlheinz Böhm mit ihr 1959 unter der Regie von Terence Young in England drehte.

Der Film ›Ein Schloß in Tirol‹ (1957, Regie: Geza von Radvanyi) erzählt die Geschichte eines Hubschrauberkonstrukteurs, der seine Erfindung an einen angeblich reichen Amerikaner verkaufen will; hier Karlheinz Böhm in einer Szene mit Erika Remberg.

Auf einer Griechenlandreise beginnen sich für den gestrengen Chef Dr. Paul Degenhard (Karlheinz Böhm) und seine Sekretärin Susanne Menzel (Johanna Matz) die Grenzen zwischen Beruf und Privatleben zu verwischen. Hans Quest führte die Regie bei dem Film ›Man müßte nochmal zwanzig sein‹ (1958).

Dann geriet Karlheinz Böhm selbst in den Sog eines öffentlichen Spektakels. Der Presse war bekannt geworden, daß sein privates Glück mit der Stewardeß Elisabeth Zonewa Risse bekommen hatte.
Lange Zeit hatte niemand geahnt, daß die Ehe brüchig geworden war. Von Anfang an hatte Karlheinz Böhm alles vermieden, was seine private Sphäre ins Licht der Öffentlichkeit ziehen könnte.
Als beide nach zweieinhalb Jahren einsahen, daß ihre Ehe gescheitert war, beschlossen sie sich zu trennen. Die Scheidung sollte so schnell wie möglich und in aller Stille abgewickelt werden.
Eine Zeitbombe begann zu ticken.
Die Explosion erfolgte, als in einer überregionalen Zeitung der Name Karlheinz Böhm in Verbindung mit dem blonden Filmsternchen Gudula Blau gebracht wurde. In dem Artikel hieß es, die beiden hätten eine ›Liebesromanze‹ miteinander und hätten sich sogar ein ›schriftliches Eheversprechen‹ gegeben.
Eine Sternstunde für die Klatschkolumnisten.
Daß die Welt so in Aufregung geraten würde, hat Karlheinz Böhm damals wohl kaum voraussehen können. Schließlich trennten sich täglich Hunderte von Paaren.
Hatte er nicht genauso ein Recht auf ein Privatleben wie jeder andere Mensch auch?
Es war eine Fehleinschätzung, weil er die Tatsache

ignorierte, daß Enthüllungen mehr Geld bringen als Diskretion. Er war ein Leinwandidol, und »berühmte Schauspieler«, so schrieb einmal Ernest Hemingway, »geraten immer in Schwierigkeiten – früher oder später«.

Auch Karlheinz Böhm bekam Schwierigkeiten, als die Zeitungsleute mit ihren Nachforschungen begannen. Die Gerüchte mehrten sich. Jetzt war an eine Trennung in aller Stille nicht mehr zu denken. Plötzlich wurden die ehelichen Zerwürfnisse in die Öffentlichkeit gezerrt, und sein Name stand zum erstenmal in den Negativ-Schlagzeilen.

In fetten Buchstaben wurde auch der ›Scheidungsgrund‹ genannt: Gudula Blau.

Wer war dieses zierliche siebzehnjährige Mädchen, das plötzlich im Leben von Karlheinz Böhm auftauchte?

Wenige Monate nach Kriegsbeginn, am 22. Februar 1940, wurde Gudula Blau in Posen als Enkelin eines Bischofs geboren. Fünf Jahre später begab sich die Mutter mit ihr und der älteren Schwester auf die Flucht nach Westen. Zwei Jahre später starb der Vater in Kriegsgefangenschaft.

Die Mutter arbeitete in Füssen als Heilgymnastikerin und schaffte es sogar, die ältere Schwester zum Sprachenstudium nach Heidelberg zu schicken. Aber das Geld war knapp. Es waren harte Jahre, in denen die Kriegs- und Nachkriegsgeneration aufwachsen mußte.

Auch Gudula wollte helfen. Zwei Jahre hindurch war sie Parkwächterin. Dann arbeitete sie für 40 Mark im Monat in einem Altersheim als Stubenmädchen, wenig später in einem Hotel als Zigarettenverkäuferin, um sich das Geld für den Besuch einer Dolmetscherschule zu verdienen. Abends jodelte sie für die Fremden in einheimischen Lokalen. Und so nebenbei schaffte sie es noch, die Dolmetscherprüfung zu machen.

Der heimliche Wunsch des ehrgeizigen Mädchens jedoch war es, Schauspielerin zu werden. So schrieb sie an einen Filmproduzenten in Berlin und bewarb sich als Komparsin.

Als dann die CCC-Film mit einer Illustrierten zusammen einen großen Nachwuchswettbewerb für den Film ›Einmal eine große Dame sein‹ startete, machte auch Gudula Blau mit und siegte um Längen: die Siebzehnjährige mit den großen braunen Augen und dem seidig-blonden Haar war genau der Mädchentyp, der für die Hauptrolle in diesem Film gesucht wurde.

Aus 12000 Bewerberinnen und über 60000 Fotos wurde sie herausgesucht und sofort nach Berlin zu Probeaufnahmen geholt. Schon ein Jahr vorher hatte sie sich um die Rolle des Urwaldmädchens Liane beworben. Nun erhielt sie nicht nur ihre erste Hauptrolle, sondern auch einen langjährigen Vertrag.

Ihr Filmdebüt gab sie bereits kurz vor Drehbeginn zu

›Einmal eine große Dame sein‹ in ›Scherben bringen Glück‹, in einer kleineren Rolle. Dann stand sie unter der Regie von Erik Ode tagtäglich neben Grethe Weiser und Dietmar Schönherr in Berlin vor der Kamera. Gudula schaffte es auf Anhieb, das Publikum für sich zu gewinnen. Aber nicht nur das: Auch Karlheinz Böhm konnte sich ihrem Zauber nicht entziehen, als er ihr zum erstenmal auf dem Filmball 1957 in München begegnete. Sie verstanden sich auf Anhieb. Dann trennten sich ihre Wege wieder. Doch nur für kurze Zeit.

Als Karlheinz Böhm im März seine Eltern in Wien besuchte, machte er auch einen Abstecher in das Rosenhügel-Studio, wo Ernst Marischka ›Sieben Jahre Pech‹ drehte. Dort traf er Gudula Blau wieder. Sie spielte in dem Film die Hauptrolle.

Wie fast alle Schauspieler, die nach Wien kommen, wohnten beide im Parkhotel Schönbrunn. Da Gudula ebenso die Musik liebte wie Karlheinz Böhm, lud er sie zu einem Konzert seines Vaters ein und anschließend zum Tee in das Haus seiner Eltern.

Die ersten Spekulationen für eine Romanze waren entstanden.

Am 6. April 1957 wurde die Ehe zwischen Karlheinz Böhm und Elisabeth Zonewa geschieden. Er nahm die Schuld widerspruchslos auf sich. Die Verhandlung dauerte eine Viertelstunde.

Am nächsten Tag flog er nach Berlin zu den Dreharbeiten für ›Der erste Applaus‹. Zur selben Zeit verließ Gudula Blau Wien, um ebenfalls nach Berlin zu reisen.

Kurz vor ihrer Abreise sagte sie: »Ich denke gar nicht daran, ihn zu heiraten. Schließlich bin ich erst siebzehn Jahre alt.«

Später sollte sie es sich freilich anders überlegen: 1958 gab sie ihm das Ja-Wort.

Mit Siebzehn hat man noch Träume ... Für Gudula Blau, die vor 25 Jahren das deutsche Kinopublikum zu wahren Begeisterungsstürmen hinriß, endete der Traum nach vier Jahren. Dann kam die Scheidung. Aus der Ehe stammen die Kinder Kristina, Michael und Daniela.

1964 heiratete sie einen österreichischen Bauunternehmer, mit dem sie eine neue Familie gründete. Den Filmstudios sagte sie ade. Neben ihren Familienpflichten begann sie zielstrebig an einer neuen Karriere zu arbeiten. Mit dem ›Hausfrauensong‹ trat sie in Hans Rosenthals Sendung ›Dalli-Dalli‹ auf und nahm noch andere Lieder auf. Regelmäßig moderierte sie auch Musiksendungen beim Bayerischen und beim Österreichischen Rundfunk. Außerdem verfaßte sie Kinderbücher und Kochrezepte.

»Dem Filmruhm weine ich mit keiner Träne nach«, sagte sie.

Auch Karlheinz Böhm mußte wieder seinen eigenen Weg gehen.

»Ich kann mir vorstellen, daß ein Mann, dem es nicht gelingt, auf Anhieb eine Frau zu finden, die seiner Mutter das Wasser reichen kann, sehr leicht in Don Juans Fahrwasser gleitet«, sagte er, als er 17 Jahre später in Köln ›Don Juan in der Hölle‹ spielte. »Dieses – um es mit Mozart zu sagen – Flattern von Blume zu Blume ist aber nichts anderes als ein ewiges unerfülltes Suchen. Daß Don Juan deswegen in die Hölle gehört, bezweifle ich.«
Auf die Frage, was ein Mann wie er, den seine Verpflichtungen herumtreiben, der selten zu Hause ist, seinen Kindern als Vater biete, sagte er: »Natürlich gibt es in einer solchen Lage viele Probleme. Daß ich den Kindern habe geben können, was sie brauchen, bezweifle ich. Mit meinen Kindern habe ich in den verschiedensten Perioden gute und schlechte Beziehungen gehabt. Mal waren sie mehr, mal weniger bei mir. Jetzt sind sie schon erwachsen.«
Wie sieht ein solcher Mann, der durch Scheidungen und berufliches Zigeunertum gehandikapt ist, sich als Partner?
»Ich würde Maximilian Schell recht geben. Der hat gesagt: ›Ich bin viel zu egoistisch, um heiraten zu können.‹ Die drei Frauen, mit denen ich mein Leben verbracht habe, könnten mir allein zum Vorwurf machen, daß ich überhaupt geheiratet habe, nicht mein Verhalten. Leider ist mein naturgegebener Instinkt, vom Männchen her, stärker gewesen als mein Intellekt.«

Hat er keine Angst vor der Einsamkeit?
»Ich glaube nicht, daß meine Einsamkeit größer ist als die eines Handelsvertreters oder eines Ölingenieurs in der Sahara.«
Und abschließend fügte er hinzu: »Je älter man wird, desto mehr bemerkt man, wie allein man in dieser Gesellschaft lebt. Ich möchte das gesellschaftspolitisch verstanden wissen. Ich halte es nicht für notwendig, daß unsere Gesellschaft die Menschen so vereinsamt. Auch ich habe nicht genügend getan, sie zu verändern, Veränderungsprozesse mitzuvollziehen ...«

›Sissi‹ – ein Mythos wird geboren

»Man könnte nach gewissen Maßstäben natürlich sagen, daß sei Kitsch – wobei man sich allerdings noch darüber unterhalten müßte, was Kitsch überhaupt ist . . .«

Über dem Kabineneingang leuchtete das Schild »Fasten Seatbelts« auf. Im gleichen Augenblick kam die Stimme der Stewardeß über den Bordlautsprecher: »Meine Damen und Herren, bitte schnallen Sie sich an. Wir landen in wenigen Minuten in Madrid.«

Es gab den üblichen Ruck, als die Landeklappen ausgefahren wurden. Dann begann die Maschine an Höhe zu verlieren, und der Kapitän leitete den Landeanflug ein.

Die Passagiere schauten aus dem Kabinenfenster. Es war ein sonniger Tag. Sie konnten jetzt den Flughafen von Madrid sehen..

Ein unbeschreibliches Bild bot sich ihnen. Dort unten wimmelte es von Menschen, die der Landung der Maschine entgegenfieberten. Dutzende von Reportern machten ihre Kameras schußbereit. Fahnen flatterten im Wind.

Aber die Kulisse, die der bei einem Staatsbesuch glich, galt keinem Präsidenten oder König, sondern einem jungen Paar, das sich an Bord der Maschine befand: dem neuen ›Traumpaar‹ des deutschen Films – Karlheinz Böhm und Romy Schneider.

Man schrieb das Jahr 1957. In Europa war das ›Sissi-Fieber‹ ausgebrochen.

Nachdem bereits ihr erster Film 48 Wochen im größten Filmtheater der spanischen Metropole gelaufen war, waren die beiden Darsteller einer Einladung nach Madrid gefolgt und wurden dort mit großem Bahnhof empfangen, der einem echten Kaiserpaar zur Ehre gereicht hätte. Von Lautsprechern angeheizt, bereiteten ihnen die begeisterungsfähigen Südländer einen Empfang, der alles in den Schatten stellte, was die beiden bisher erlebt hatten.

Schon auf dem Flugplatz gab es zerbrochene Fensterscheiben, eingedrückte Türen, ja abgerissene Ohren und eine Menge Arbeit für die Unfallstation.

Über die Reise nach Madrid berichtete Karlheinz Böhm später einem Reporter:

»Im Flugzeug saß Otto von Habsburg hinter uns, also unser ›Urenkel‹, wie Romy und ich feststellten. Als wir über dem Flughafen von Madrid waren, sagte ich zu Romy: ›Du, die vielen Leute da unten müssen für Otto von Habsburg gekommen sein.‹ Die Men-

schen saßen sogar auf dem Dach des Flughafengebäudes. Auf dem Flugplatz selbst war es schwarz.
Als die Maschine landete, brach über uns die Welle des spanischen Temperaments herein. Die Journalisten kämpften sich durch die Menge. Polizei war fast keine da, weil niemand damit gerechnet hatte, daß so viele Menschen kommen würden. Ein kleines Mädchen konnte gerade noch ein Gedichtchen aufsagen. Dann wurden wir eine Treppe hinuntergeführt. Jemand riß uns die Pässe aus der Hand. Andere nahmen uns das Handgepäck ab. Wir wußten nicht, ob wir es je wiedersehen würden. Wir waren richtig in die vieltausendköpfige Menge eingekeilt. Schließlich mußte ich Romy in den Arm nehmen, weil es Augenblicke gab, in denen ich tatsächlich um unsere Sicherheit fürchtete. Es herrschte ein schreckliches Durcheinander.
Wie durch ein Wunder standen wir dann doch plötzlich vor einem Auto, und so begann die Fahrt, die ich mein Leben lang nicht vergessen werde. Hunderte von Autos und Omnibussen waren in einer Kolonne auf der großen Autostraße, die nach Madrid führte. Für die Strecke, die man normalerweise in fünfzehn Minuten zurücklegt, brauchten wir zwei Stunden. Die Fahrt glich einem Triumphzug. Der Vespaclub von Madrid führte Schilder mit und fuhr immer um unsere Autos herum. Es war ein solcher Wirbel, daß wir ziemlich fassungslos und blaß waren. Das Ganze war lebensgefährlich. Während der Fahrt

reichte man uns Wimpel herein, auf die wir Autogramme schrieben. Wo Romys Mutter abgeblieben war, wußten wir nicht.«

Anschließend auf einem Presseempfang, bei dem rund zweihundert Journalisten anwesend waren, wurde Karlheinz Böhm die Frage gestellt: »Möchten Sie im Leben gern Kaiser Franz Joseph sein?«

»Nein«, sagte er, »bei Gott nicht. Kaiser Franz Joseph, oder Kaiser überhaupt, möchte ich nicht sein. Eher alles andere, aber Kaiser bestimmt nicht.«

Romy wurde gefragt, ob sie verliebt sei. Sie äußerte sich dazu nicht eindeutig.

Sämtliche Filmbosse des Landes unterbreiteten Rollenangebote: 150000 DM, die höchste bis dahin in Spanien gezahlte Gage.

Anschließend gaben die Botschafter Deutschlands und Österreichs einen Empfang.

»Dabei wären beinahe diplomatische Verwicklungen entstanden«, erinnert sich Karlheinz Böhm, »weil man sich nicht ganz klar war, ob der Film nun deutsch oder österreichisch sei. Dazu kam noch, daß Romy, obschon sie in Wien geboren wurde, Deutsche war, und ich, als gebürtiger Darmstädter, war Österreicher. Also zum Schluß kannte sich wirklich kein Mensch mehr aus. Wir kamen überein, daß es falsch sei, in einer Zeit, in der man ein Gesamteuropa schaffen will, von einem deutschen oder österreichischen Film zu reden. Es könne höchstens

von einem deutschsprachigen Film die Rede sein.«
Wer die große Begeisterung, die die ›Sissi‹-Filme in Europa und beinahe auf der ganzen Welt auslösten, noch einmal beschwören will, der muß sich schon in die Kellergewölbe des wuchtigen Rheinufer-Schlosses Wiesbaden-Biebrich bemühen. Was über den Siegeszug dieser Filme dokumentiert wurde, das ruht hier im ›Institut für Filmkunde‹ in zehn dickleibigen Ordnern.

Nachdem Regisseur Ernst Marischka Karlheinz Böhm für die Rolle des Kaisers Franz Joseph verpflichtet hatte, fehlte ihm noch eine junge Schauspielerin, die überzeugend die süße und unschuldige kaiserliche Prinzessin darstellen könnte.
Schließlich wurde er fündig. Seine Wahl fiel auf Rosemarie Magdalena Albach. Künstlername: Romy Schneider.
Am 23. September 1938 als Tochter des Schauspielers Wolf Albach-Retty und der Schauspielerin Magda Schneider in Wien geboren, stand sie zum erstenmal mit vierzehn Jahren als Partnerin ihrer Mutter vor der Filmkamera.
Der Streifen hieß ›Wenn der weiße Flieder wieder blüht‹ und wurde ein großer Erfolg. Und dieser Erfolg war nicht zuletzt dem »süßen kleinen Mäd-

chen mit dem Puppengesicht« zu verdanken. Die Produzenten notierten sich den Namen des begabten Kindes, das nie Schauspielunterricht erhalten hatte, und kamen mit ihren Angeboten.

Die Filme, die daraus wurden, hießen: ›Feuerwerk‹, ›Mädchenjahre einer Königin‹, ›Die Deutschmeister‹, ›Der letzte Mann‹.

Frühlingsbummel an der Seine – Karlheinz Böhm und seine dritte Frau, die polnische Schauspielerin Barbara Lass, im Mai 1963. Vor kurzem hatten sie in der Schweiz geheiratet.

In der Rolle des Starverteidigers liefert sich Karlheinz Böhm mit dem Staatsanwalt (Carlos Werner) ein Duell um seine Mandantin (Eva Pflug). Die Komödie ›Hokuspokus‹ von Curt Goetz war ein Riesenerfolg an der Kleinen Komödie in München.

Graf Tassilo Sennefeld (Karlheinz Böhm) ist gegen den Willen seines Vaters entschlossen, die schöne Sängerin Anna Herwegh (Evelyn Opela) zu heiraten. ›Schloß Hubertus‹, einer der beliebtesten Romane von Ludwig Ganghofer, wurde 1973 zum dritten Mal verfilmt.

Ein teuflisches Spiel treibt Helmut (Karlheinz Böhm) mit Martha (Margit Carstensen). Mit dem Psychothriller ›Martha‹ (1973) begann die Zusammenarbeit mit dem Regisseur Rainer Werner Fassbinder; es folgten ›Effi Briest‹ (1974), nach dem Roman von Theodor Fontane, ›Faustrecht der Freiheit‹ (1974) und ›Mutter Küsters' Fahrt zum Himmel‹ (1975).

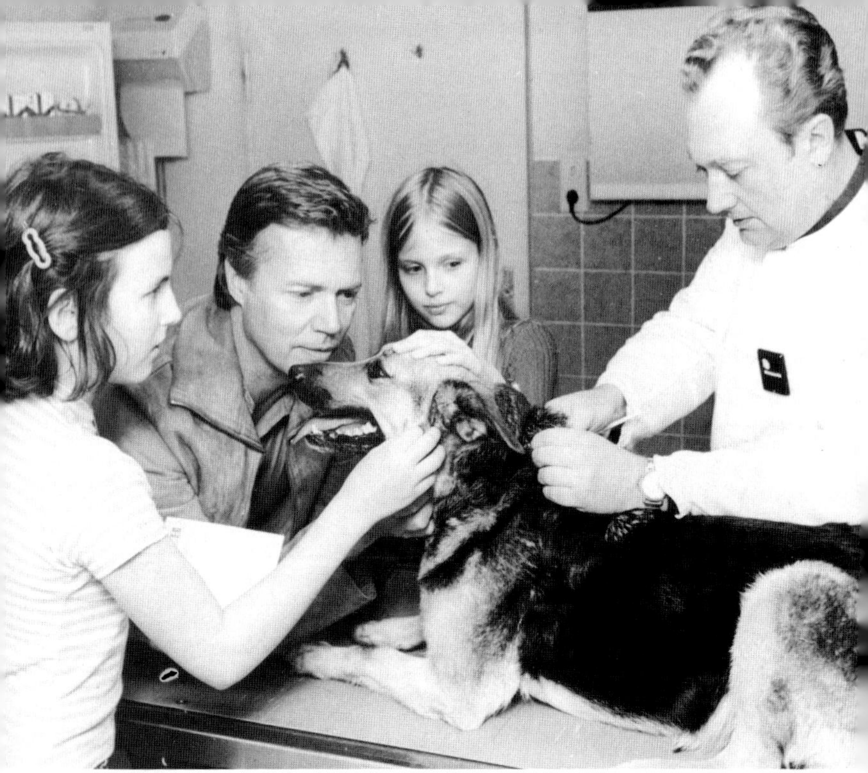

Marischka war sicher: Dieses Mädchen strahlte genau den Zauber aus, den seine Film-›Sissi‹ haben mußte. Romy war das Gegenteil der Sexstars, die ständig in Hollywood produziert wurden – ein herziges, frisches und naives Wesen ohne Skandale, ohne Scheidungen und Ohrfeigenstories.

Genauso ein Mädchen hatte Marischka gesucht. Und genauso sollte ihr Filmpartner sein. Ein Gentleman. Diesem Wunschbild Marischkas entsprach auch Karlheinz Böhm.

Nachdem der Regisseur sein ›Traumpaar‹ vor der Kamera zusammengebracht hatte, galt nur noch eine Maxime: Beide mußten in ihren Rollen absolut glaubhaft sein. Wenn das Publikum sie mit ihren Rollen identifizierte, würde der Film ein Erfolg werden. Die anderen Darsteller waren: Magda Schneider als ›Sissis‹ Mutter, die Herzogin Ludovika von Bayern, und Gustav Knuth als ihr Vater.

Karlheinz Böhms zehnjährige Schäferhündin Maggie wird vom Tierarzt untersucht; rechts neben Böhm seine Tochter Kati.

Der Cellist Dr. Ferdinand Prelinger (Karlheinz Böhm) wird von Hauptkommissar Veigl (Gustl Bayrhammer, Mitte) und Assistent Brettschneider (Willi Harlander) verhört – in der ›Tatort‹-Folge ›Schwarzer Einser‹ (1978).

Eine künstlerische Wende hat Karlheinz Böhm (hier mit seiner dritten Frau Barbara Lass und Tochter Kati vor dem Haus in München, im Juni 1975) vollzogen: seit den Filmen mit Fassbinder bestimmt die gesellschaftliche Relevanz die Auswahl seiner Rollen.

Jetzt fehlte nur noch ein hinreißender Rahmen für den Film. Der Regisseur fand ihn in den prachtvollen bayerischen und österreichischen Schlössern und in den zauberhaften Landschaften des Salzkammerguts. Die Dreharbeiten begannen. In ›Sissi‹ standen Karlheinz Böhm und Romy Schneider zum erstenmal zusammen vor der Kamera, und für alle Welt war das ›ideale Liebespaar‹ des deutschen Films geboren.

»Das ist die schönste Rolle, die ich bisher zu spielen hatte«, jubelte Romy Schneider, als das Uraufführungshaus, der Stachus-Filmpalast in München, in fünf Tagen bereits 25 000 Besucher zählte.

Ein paar Monate zuvor war sie, gerade siebzehn Jahre jung, in einer großen Umfrage zur beliebtesten Nachwuchsdarstellerin gewählt worden. Und die gleiche Auszeichnung hatte zur selben Zeit auch Karlheinz Böhm erhalten.

Jetzt wurden beide noch mehr vergöttert, und Millionen Kinobesucher litten und weinten und lachten mit ihnen.

In den Weihnachtstagen 1955, 1956, 1957 bescherte Ernst Marischka dem Publikum die einzelnen Teile der kaiserlichen Trilogie: Nach ›Sissi – Mädchenjahre einer Kaiserin‹ folgte ›Sissi, die junge Kaiserin‹ und dann der dritte Teil ›Sissi – Schicksalsjahre einer Kaiserin‹.

Vom Großstadt- bis zum Dorfkino meldete man nie dagewesene Besucherzahlen und Spielzeitverlän-

gerungen. Mindestens 30 Millionen Bundesbürger sahen die Trilogie.
Die Filme haben rund sechs Millionen DM gekostet und später 36 Millionen DM eingespielt.
Und wie war es mit den Traumgagen?
»Romy Schneider und ich haben an den Sissi-Filmen das wenigste Geld verdient«, so Karlheinz Böhm. »Unsere Gage war im Vergleich zu anderen Rollen in späterer Zeit minimal.«
Für Amerika hatte der große Walt Disney ›Sissi‹ in seinen Film-Vertrieb übernommen, und zur New Yorker Premiere erschienen Prominente wie Leonard Bernstein, ›Met‹-Direktor Rudolf Bing und Robert F. Wagner, der Oberbürgermeister der damals größten Stadt der Welt.
Den Rekord aller ›Sissi‹-Fans dürfte aber eine Südafrikanerin halten. Von ihr wird berichtet, daß sie die Filme mehr als hundertmal sah und als sie aus dem Programm des Johannesburger Kinos verschwanden, 870 Kilometer Bahnfahrt auf sich nahm, um noch ein paar Vorstellungen zu erleben.
Kritiker lobten einmütig den »hinreißenden Rahmen« der Filme, die »beschwingte und doch unsentimentale Regie«, die »grandiose Farbkamera« und »weitgehende historische Treue«.
Romy Schneider bescheinigten sie die »liebenswerte Mischung zwischen Naturkind und anmutig charmanter Prinzessin«. Der »ritterliche Karlheinz

Böhm« wurde zum Schwarm der Damenwelt. Im filmverwöhnten Frankreich schrieb der Schriftsteller und Kritiker Paul Reboux:
»Wenn Sie sich das ganze Jahr nur einmal einen Film ansehen, so verdient es dieser Film, gesehen zu werden. Eine Großtat von Regiekönnen und Aufnahmetechnik. Die Darstellung ist erstklassig. Alles zeugt von Geschmack.«
Als das Zweite Deutsche Fernsehen fünfzehn Jahre später im Dezember 1970 die ›Sissi‹-Filme noch einmal ausstrahlte, brach das ›Sissi‹-Fieber wieder aus. Das ZDF konnte die Traumquote plus 7, bei einer Einschaltquote von 46 bis 59 Prozent, verbuchen. Viele Zuschauer riefen begeistert an und bestürmten den Sender mit dem Wunsch nach Wiederholung. Kommentar eines Fernsehredakteurs: »Man muß sich über eines klar sein: Diese Filme sind ein Stück Erinnerung geworden. Mehr noch: Sie gehören zu unseren schönsten Filmerinnerungen der Nachkriegszeit.«
Den Mythos der ›Sissi‹-Filme wird man vielleicht niemals ganz erklären können.
Beeindruckt von dem riesigen Erfolg meinte der amerikanische Schauspieler Tony Curtis: »Wie ein Schauspieler die Rolle auffaßt, das ist gar nicht so wichtig. Es ist tausendmal wichtiger, daß das Publikum ihm seine Rolle abnimmt. Er muß absolut glaubhaft sein. Er muß jene Millionen von Kinogängern überzeugen, die niemals in ihrem Leben mit dem Verstand einen

Film analysieren. Wenn das Publikum ihn in seiner Rolle akzeptiert, dann war sie für ihn ein Erfolg.«
Es gibt in der Geschichte des deutschen Nachkriegsfilms wohl kein besseres Beispiel für die Richtigkeit dieser These. Denn soviel steht fest: Karlheinz Böhm und Romy Schneider hatten diesen Erfolg, weil das Publikum ihnen hundertprozentig die Rolle abgenommen hat, auch wenn viele Kritiker dafür nur ein müdes Lächeln übrig hatten.
Fast immer gehört es zum ganz großen Erfolg, daß das Publikum einen Schauspieler mit der Rolle identifiziert. Und das war bei beiden in einem klassischen Maß der Fall. Sie waren glaubhaft. Sie überzeugten. Karlheinz Böhm verkörperte zu jenem Zeitpunkt genau jenen Männertyp, dem die geheimen Sehnsüchte des Publikums galten. Und Romy Schneider verkörperte in einer idealen Weise genau jenen Mädchentyp, der ankam.
Das Etikett dieser Filmrollen sollte ihnen lange anhängen. Beide standen zunächst auch dazu.
1957 sagte Karlheinz Böhm in einem Interview:
»Es kommt darauf an, moralisch saubere Filme zu drehen, die den Menschen glücklich machen. Das habe ich erkannt, und deshalb habe ich ›Sissi‹ gedreht und bin auch bereit, dies vor meinem erwachsenen künstlerischen Gewissen zu vertreten. Und ›Sissi‹ ist so ein Film. Er gibt dem Publikum, was es sich wünscht, ohne dabei echte Romantik zum falschen Zauber zu

machen. Ein roter Sonnenaufgang ist in der Natur romantisch, weil die Natur lebende Atmosphäre hat. Auf einem toten Foto wird er zum Kitsch. Nicht so bei Marischka. Er schafft auch im Atelier jene Atmosphäre, die Romantik nicht nur erträglich, sondern auch schön macht. Und in unserem technischen Zeitalter brauchen wir diese einfache Romantik als Ausgleich.
»Sissi« ist nichts anderes als eine Anekdotensammlung um das junge Kaiserpaar Elisabeth und Franz Joseph von Österreich. Der Volksmund erzählt – ich erinnere jetzt an eine Szene des Films –, das Kaiserpaar habe sich bei einer Hochgebirgstour einige Tage unerkannt in einer Berghütte aufgehalten und sei mit allen per Du gewesen. Man könnte nach gewissen Maßstäben natürlich sagen, das sei Kitsch – wobei man sich allerdings noch darüber unterhalten müßte, was Kitsch überhaupt ist.
»Sissi« hat schon deshalb eine Daseinsberechtigung – ebenso wie Problemfilme über die Halbstarken oder Filme über Canaris – weil er sich an sein eigenes Publikum wendet, an ein Publikum, das ins Kino geht, um sich zu entspannen, um keine Sorgen zu haben, um von dem grauen Alltag Abstand zu gewinnen, um sich durch ein Bilderbuch für zwei Stunden aus einer nicht immer sehr angenehmen Welt fortführen zu lassen.«
Bei diesem Interview kam Karlheinz Böhm auch auf andere Filme von damals zu sprechen.

»Ich bin froh über den großen Erfolg des Films ›Der Hauptmann von Köpenick‹. Man sollte den Film überhaupt ebenso wie das Theater bis zu einem gewissen Grad als moralische Einrichtung bezeichnen, denn ein Film hat ähnliche Aufgaben wie die Presse und hat daher auch eine ethische Verpflichtung zu erfüllen. Er sollte versuchen – das ist meine feste Überzeugung – das Niveau zu heben. Der Film sollte für den Menschen einen Gewinn bedeuten. ›La Strada‹ zum Beispiel ist ein Kunstwerk, das ein so ungeheuer hohes Niveau hat, das man wirklich sagen kann, das ist Kunst, eine Aussage von einem Menschen, der den anderen etwas sagen will und auch etwas zu sagen hat. Ein Film, der jeden anrührt und erschüttert, macht – trotz des ernsteren Themas – vielleicht bis zu einem gewissen Grad sogar glüklich. Mich jedenfalls hat der Film beglückt und froh gemacht.«

Auch Romy Schneider stand zunächst zu ihrer ›Sissi‹-Rolle: »Ich habe sie gern gespielt.«

Damit schien für beide – Karlheinz Böhm und Romy Schneider – ihr Schicksal besiegelt. Auch in ihren nächsten Filmen waren sie in ihren Rollen festgelegt. Er als »junger Mann mit nobler und zurückhaltender Wesensart«. Sie als »taufrisches und unschuldiges, süßes Mädel«.

Zuerst versuchte Romy Schneider auszubrechen. Bei allem Erfolg – im dritten Teil ›Schicksalsjahre einer Kaiserin‹ wollte sie nicht mehr spielen. Auf Anraten ihrer prominenten Schauspieler-Eltern, hieß es damals. Schließlich schaltete sich das österreichische Unterrichtsministerium ein und zeichnete ›Sissi, die junge Kaiserin‹ als »künstlerisch wertvoll« aus. Begründung: Der Film biete eine »ernstzunehmende künstlerische Gesamtleistung«, weise keine »wesentlichen historischen Fehler oder geschichtliche Verzeichnungen« auf und bringe die Werte des Herzens und der Menschlichkeit als charakteristisches Merkmal österreichischer Wesensart überzeugend zum Ausdruck.

Zusammen mit der Nominierung nach Cannes war dann die Schlacht gewonnen: Romy und Karlheinz verwandelten sich zum drittenmal in die jungen Liebenden – und wieder mit einem Riesenerfolg, der alles übertraf, was man damals in der Filmbranche kannte.

Viele Jahre später, nachdem beide alles mögliche unternommen hatten, ihr ›Sissi‹-Image loszuwerden, um in ernsthaftere Rollen hineinzuwachsen, distanzierten sich Karlheinz Böhm und Romy Schneider von ihrer einstigen Erfolgsrolle.

»Ich kann das Wort Sissi nicht mehr hören«, erklärte Romy. Als sie das sagte, war sie bereits zum internationalen Star avanciert und wurde in Frankreich als das »schönste Geschenk, das uns Deutschland oder Österreich – wie dem auch sei – seit Marlene Dietrich gemacht hat« gefeiert.

Auch Karlheinz Böhm ging auf Distanz.

»Man kann über die Filme denken, wie man will, aber ich habe sie gemacht. Es waren manche Fehler dabei, auch die habe ich gemacht. Das alles gehört zu meiner Entwicklung. Warum also verleugnen. Ich stehe voll und ganz zu meiner Vergangenheit. Ich bekenne mich dazu. Ich bin der Meinung, daß man den Charakter und die Laufbahn eines Menschen nicht nach den Höhen und Tiefen beurteilen solle, sondern nach dem, was bleibt, wenn man oben und unten abstreicht.«

Weiter sagte er: »Ich blicke auf die Filme ohne Bitterkeit zurück. Sie kamen damals zur richtigen Zeit. Es war soviel kaputt. Der Ernst Marischka wollte für das Publikum die Illusionen einer heilen Welt schaffen. Heute teile ich diese gesellschaftliche Konsequenz nicht mehr, sie war falsch. Aber zur Unterhaltungsmachart der Filme stehe ich noch wie zu Marischka. Er war ein Künstler, der an die Sache, die er macht, zu 150 Prozent glaubte.«

Als er das sagte, war Karlheinz Böhm bereits auf der Suche nach neuen Rollen.

Beide – er und Romy – haben sich schließlich durchgesetzt. Aber es war ein langer, mühsamer Weg zur großen Wandlung.

›Traumpaar des deutschen Films‹
›Der Kaiser und die Prinzessin‹
›Die jungen Liebenden‹
Drei Schlagzeilen über Karlheinz Böhm und Romy

Schneider auf dem Gipfel ihrer Kino-Popularität. Nur so wollten die Presse, die Produzenten und das Publikum sie sehen: ein Paar, das hohe Ideale von Reinheit und Unantastbarkeit verkörperte.
Damit waren sie abgestempelt.
Aber eben diese Rolle war es, die beide bald nicht mehr spielen wollten. Beide hatten den Ehrgeiz zu zeigen, was wirklich in ihnen steckte. Das hieß aber, daß sie dann aus diesem Klischee ausbrechen mußten.
Aus der Zeit des künstlerischen Umbruchs gibt es viele Parallelen zwischen der Karriere von Karlheinz Böhm und Romy Schneider.
Beide wurden erst vergöttert und dann verdammt.
Beide unternahmen mehrere Ausbruchsversuche.
Beide kamen an einen Punkt in ihrem Leben, an dem sie in Frage stellten, was war und ist, aber noch nicht wußten, was sein wird.
Beide befreiten sich schließlich mit Sensibilität und kreativer Intelligenz von ihrem ›Sissi‹-Etikett.
Mit der Suche nach neuen Rollen begannen sie fast zur gleichen Zeit.
Was war für Romy der Auslöser?
»Ich merkte plötzlich, daß ich inzwischen viel gelernt hatte, daß alles, was zuerst unbewußt war, kindliches Spiel, nun zum Handwerk wurde. Ich wollte beweisen, daß mehr in mir steckt.«
Ein weiterer wichtiger Grund für die Wandlung:

»Ich war nie die leibhaftige Verkörperung der süßen, unschuldigen kaiserlichen Hoheit, und ich habe dieser Traumfigur nie geähnelt.«

Nie wieder wollte Romy Schneider nach den ›Sissi‹-Filmen ein historisches Kostüm tragen. Als sie diesen Entschluß faßte und bekanntgab, war sie die höchstbezahlte und populärste deutsche Nachwuchsschauspielerin. Aber damit war plötzlich auch der Höhepunkt in ihrer Beliebtheitsskala überschritten. Das Publikum akzeptierte nicht, daß die ›süße Sissi‹ erwachsen werden wollte. Die Zuneigung schlug in Empörung gegen die ›Abtrünnige‹ um. 1959 fiel Romy von der ersten Sprosse der Popularitätsleiter deutscher Filmtheater auf die 20. zurück.

Aber sie ließ sich von ihrem Weg nicht abbringen. Schritt für Schritt löste sie sich mit ›Monpti‹ (Helmut Käutner: »Eine wirklich große Begabung«), ›Robinson soll nicht sterben‹, ›Scampola‹ und schließlich mit ›Ein Engel auf Erden‹, ›Die Halbzarte‹ und ›Die schöne Lügnerin‹ aus der Schablone.

Doch das Publikum fand keinen Gefallen an diesen Streifen. Die Filme waren Mißerfolge, Romys Karriere schien beendet.

»Es ist zum Kotzen, alles, was ich mache, wird mir hier angekreidet«, sagte sie bitter, kehrte Deutschland den Rücken und ging nach Frankreich.

Dieser Schritt sollte ihr noch lange übelgenommen werden, auch wenn oder gerade weil sie in Paris zu einer der erfolgreichsten Schauspielerinnen der Welt aufstieg. Sie hatte gegen die gleichen Ressentiments zu kämpfen, wie schon vor ihr Marlene Dietrich. Den Deutschen fiel es offenbar schwer, sich über ausländische Erfolge deutscher Schauspieler zu freuen.

Tatsache ist: Auch der größte Erfolg, den die in Deutschland gescheiterte und in Frankreich zu neuem Ruhm gelangte Schauspielerin errang, reichte nicht aus, um sie vor bösartigen Kommentaren zu schützen, die ihr noch jahrelang nachgesandt wurden.

Es war der französische Schauspieler Alain Delon, der Romy lehrte, auf die richtigen Rollen zu warten und die schlechten Angebote radikal abzulehnen, wie hoch die Gage auch sein sollte.

Sie hatte ihn bei den Dreharbeiten zu dem Film ›Christine‹ kennengelernt. Als sie 1959 nach Paris ging, traf sie ihn wieder und verlobte sich mit ihm.

Romy wartete, wie ihr Alain geraten hatte. Und bald kamen die richtigen Rollen: 1961 spielte sie unter der Regie des italienischen Regisseurs Luchino Visconti auf der Bühne ›Schade, daß sie eine Dirne ist‹ und vor der Kamera eine Episode in ›Boccaccio 70‹. Ihre Kolleginnen in den anderen Episoden waren Sophia Loren und Anita Ekberg.

Dann kam mit den Filmen ›Die Sieger‹, ›Der Kardinal‹ und ›Der Prozeß‹ (nach Kafkas Roman) der Durchbruch zur Weltelite. Der Regisseur Orson Wel-

les nannte sie die »beste Schauspielerin ihrer Generation«.
Die Presse in Paris feierte sie als einen Star mit der »Ausstrahlung einer Marlene Dietrich in den besten Jahren«. Sie wurde für den ›Oscar‹ empfohlen. 1963 erhielt sie den Preis der französischen Filmakademie.
Romy war ganz oben. Die einzige deutsche Schauspielerin, die es nach dem Zweiten Weltkrieg geschafft hatte, ein Weltstar zu werden.
Aber deutsche Regisseure hatten kaum gute Stoffe für sie. Dabei hatte sie ihr Urteil inzwischen geändert: »Ich würde gerne in Deutschland arbeiten. Doch es gibt kaum Rollen für mich.«
Dafür gab's ein anderes Wiedersehen – mit Romy als ›Sissi‹. Nach zwanzig Jahren hatte sie sich von Visconti überreden lassen, noch einmal diese Rolle zu spielen. Titel des Films: ›Ludwig II.‹.
»Ich selbst hätte es nie für möglich gehalten, daß ich mit dreiunddreißig Jahren ausgerechnet diese Rolle noch einmal spielen würde«, gestand sie. »Mit dem ›Sissi‹-Stempel, den ich damals nur mühsam unter soviel Qualen abgelegt habe, heute die Elisabeth glaubhaft zu machen – das übt schon einen ganz schönen Druck auf mich aus – ob ich das nun will oder nicht... Ich habe diese Rolle angenommen, weil diese ›Sissi‹ reifer geworden ist und das oberflächliche Leben satt hat.«

Romy wußte auch, der italienische Regisseur Visconti würde alles aus ihr als Schauspielerin herausholen, was das Bild der ›Sissi‹ von einst zerstören würde.
»Wie zerrissen mußte diese Frau gewesen sein, als Gemahlin Kaiser Franz Josephs, ziellos vor einem goldenen Käfig auf der Flucht, vor der Etikette, dem Leben am Wiener Hof, den Titeln, den Bräuchen. Ich werde diese Rolle, den Charakter dieser Frau, zum erstenmal richtig spielen.«
Für Romy hatte sich der Ring geschlossen. Auch sie war reifer geworden.
Von einem Reporter gefragt, welche Spuren die »weniger schönen Dinge«, die sie erlebt hatte, bei ihr hinterlassen hätten, antwortete sie: »Nichts Wichtiges prallt an mir ab, aber ich bin nicht geboren, ein Leben lang zu weinen. Ich bin ein Mensch, der nur das Gute zurückbehält.«

In der Zeit, in der Romy Schneider sich künstlerisch zu verwandeln begann, machte auch ihr Partner Karlheinz Böhm einen inneren Prozeß durch, der von Krisen und Entscheidungen markiert war. In den fünfziger Jahren – 1953 erhielt er den Bundesfilmpreis – hatte er rund 45 Filme gedreht. Sie hatten zwar stets andere Titel und erzählten andere Geschichten, aber er spielte immer den braven, aufrichtigen jungen Mann – als Arzt, Adeliger oder seriöser Liebhaber.

Spätestens seit 1960 hatte er genug, ständig als ›Typ des sensiblen Edelmenschen‹ oder als ›Operettenkaiser‹ über die Leinwand zu schreiten. Er wollte dem Käfig entfliehen, der ihn umschloß.
Karlheinz Böhm brach aus und suchte sein Glück im Ausland. Wie Romy Schneider wollte er internationale Karriere machen. Von 1960 bis 1963 drehte er zehn Filme in England, den USA, Frankreich und Israel.
»Dort habe ich mit ziemlich drastischen Mitteln versucht, das ›Sissi‹-Image zu zerstören. Etwa über einen Lustmörder (›Peeping Tom‹ mit Michael Powell in England) bis zum Nazi-Offizier in den ›Vier apokalyptischen Reitern‹ (unter Minelli in Hollywood).«
Diese Filme trugen Karlheinz Böhm zum Teil auch gute Kritiken ein. Aber sein Stammpublikum in Deutschland war wie schon im Falle Romy Schneiders bitter enttäuscht: der ›Gentleman‹ als ›NS-Verbrecher‹ und ›Lustmörder‹?

Skandal um einen ›Lustmörder‹

»Es gibt ja leider sehr wenig Kollegen, die das Glück haben, daß eine Arbeit, die so offensichtlich zum Zeitpunkt des Herauskommens verkannt wurde, wenn auch spät erst, anerkannt wird . . .«

In der Ferne war eine Polizeisirene zu hören. Mark befestigte eine Kamera an der Wand und stellte eine ganze Batterie von Tonbandgeräten an.
Kindliche Schreie ertönten. Es waren Marks Schreie. Sein Vater, ein Psychoanalytiker, hatte ihn in seiner Kindheit auf brutalste Weise als Versuchskaninchen benutzt und seine Todesangst gefilmt.
Mark am Totenbett seiner Mutter, ihre Hand haltend. Mark vor einer Eidechse zurückschreckend, die über sein Bett kriecht.
Mark von einem grellen Licht geblendet.
Die Polizeisirene kam näher. Mark löste eine ganze Reihe von Fotoapparaten aus. Blitzlichter flammten auf. Dann stürzte er sich in das Messer im Bein des Kamerastativs.
Die 16-mm-Kamera seines Vaters ragte ins Bild, in

dem Mark in seinem Blut lag. Der Film mit den Aufnahmen des kleinen Mark lief aus dem Projektor. Die Kinoleinwand wurde dunkel.
Die Tonbänder spielten einen Dialog zwischen dem kleinen Mark und seinem Vater ab.
»Sei kein dummer kleiner Junge, hab keine Angst.«
»Gute Nacht, Daddy, halte meine Hand ...«
Dies ist das Ende eines Films, mit dem Karlheinz Böhm den »absoluten Sprung in den großen Weltmarkt und zu großen Regisseuren« machen wollte – als abartig veranlagter Kameramann Mark Lewis in dem Film des britischen Regisseurs Michael Powell.
Das Gegenteil trat ein: Karlheinz Böhm wurde von der Kritik zerrissen, vom Publikum ausgepfiffen. Seine Karriere schien zertrümmert.
Was hatte ihn bewogen, diese umstrittene Rolle zu spielen?
»Ich habe sie nicht angenommen, um bewußt etwas zu zertrümmern. Aber mir war klar, daß sie einen Bruch bedeutete. Ich wollte wegkommen vom Sissi- und Ärzte-Image der fünfziger Jahre.«
Als ihm Michael Powell die Rolle anbot, zögerte er nicht. Er war froh: Endlich konnte er sich von einer anderen Seite profilieren. Er konnte Dinge zeigen, die er vorher nie gewagt hatte in einer Rolle zu spielen. Er fühlte keine Fesseln mehr. Er konnte aus dem Käfig heraus, der ihn umschloß.
Powell, Jahrgang 1905, begann seine Arbeit beim Film

in den Jahren 1927 und 1929 als Assistent des Stummfilmregisseurs Rex Ingram in Südfrankreich, wo sein Vater ein Hotel besaß.
Ende der zwanziger Jahre ging Powell nach London, bekam einen Job in den Elstree-Studios und arbeitete mit an den Hitchcock-Filmen ›Champagne‹ (1928) und ›Blackmail‹ (1929). Erst 1937 drehte er einen Film, der seine persönliche Handschrift zeigte: ›The Edge of the World‹. Daraufhin nahm ihn der Produzent Alexander Korda unter Vertrag.
Korda machte Powell mit dem aus Ungarn stammenden Autor und Regisseur Emeric Pressburger bekannt. 1939 führte Powell Regie bei der Korda-Produktion ›Der Dieb von Bagdad‹, 1942 gründeten er und Pressburger ihre eigene Gesellschaft ›The Archers‹.
Bis 1956 zeichneten sie bei allen Filmen gemeinsam verantwortlich für Drehbuch, Regie und Produktion. Ihre Zusammenarbeit war so eng, daß ihre individuellen Leistungen bei den einzelnen Filmen im nachhinein nicht mehr zu identifizieren sind.
Powell: »Ich führte Regie. Emeric schrieb die Originalstory und das Drehbuch. Ich schrieb die endgültige Drehbuchfassung und die Dialoge. Dann produzierten wir beide, das heißt, trafen alle wichtigen Entscheidungen zusammen, einschließlich des Schnitts.«
Fast zur gleichen Zeit, als Alfred Hitchcock seinen be-

rühmten Film ›Psycho‹, drehte, begann Powell auch mit den Vorbereitungen zu ›Peeping Tom‹, der ebenfalls alle Merkmale eines Psychothrillers haben sollte. Ausnahmsweise arbeitete er diesmal nicht mit Pressburger zusammen, sondern engagierte Leo Marks als Drehbuchautor. Marks arbeitete damals für die britische Regierung und beschäftigte sich mit Geheimschriften (Kryptografie). Als Powell ihn kennenlernte, befaßte er sich immer noch mit Chiffrierungen und mit Psychoanalyse.

»›Peeping Tom‹ sollte ursprünglich ein Film über Freud werden«, sagte Powell. »Keine Biographie, sondern ein Film über seine Arbeit.«

Aber die Idee wurde fallengelassen, als Powell erfuhr, daß John Huston einen Film über den berühmten Psychoanalytiker vorbereitete.

Dennoch war er entschlossen, einen Film zu drehen, »der die Psyche erforschen sollte«.

Marks hatte die Idee für die Story: Ein Junge, der von seinem Vater kaputtgemacht wird, weil der Vater von Tönen und Bildern besessen ist und den Jungen als Versuchskaninchen benutzt. Folge des Psychodrills in der Vorpubertät: Aus dem Jungen wird ein abartig veranlagter Kameramann, der die Angst junger Mädchen fotografiert, während er sie tötet.

Das Drehbuch wurde in einem Zeitraum von vier bis fünf Monaten geschrieben. Powell: »Leo Marks war ein sehr langsamer Arbeiter. Zweimal in der Woche

kam er nach dem Abendessen zu mir, und wir besprachen, was er geschrieben hatte. Das Ganze wurde sehr stark zu einem Teil meines eigenen Denkens.«
Ursprünglich sollte Lawrence Harvey die Hauptrolle spielen, aber nach seinem Erfolg in ›Room at the Top‹ arbeitete er für aufwendigere Produktionen. Für ›Peeping Tom‹ stand ein Budget von 135 000 Pfund (damals etwa eineinhalb Millionen Mark) zur Verfügung.
Das war die Ausgangsposition, als Karlheinz Böhm die Hauptrolle angeboten bekam und Powell ihm das Drehbuch zu lesen gab:
Mark Lewis führt ein Doppelleben. Tagsüber arbeitet er als Kamera-Assistent in einem Londoner Filmstudio. Abends streift er durch die Straßen, um Frauen zu filmen – und zu töten. Es geht darum, ihren Anblick im Augenblick des Todes auf Film festzuhalten.
Sein erstes Opfer ist die nicht mehr ganz junge Prostituierte Dora. Mark geht mit ihr auf ein Zimmer und ermordet sie – während er sie die ganze Zeit filmt. Die Mordwaffe ist nicht zu sehen.
Schnitt.
Mark macht in seiner Freizeit in einem schäbigen Zimmer über einem Zeitschriftenladen Sexfotos. Das hübsche Fotomodell Lorraine ist gehemmt und schüchtern, weil sie eine Narbe an der Lippe hat. Mark möchte sie dennoch filmen.
Schnitt.

Mark lebt im oberen Stockwerk des Hauses, das er von seinem Vater geerbt hat. Im Erdgeschoß wohnen die junge Helen und ihre Mutter. Er hat Teile seiner Wohnung zu einer Dunkelkammer und zu einem Projektionsraum umgebaut. Er sieht sich dort seine Filmaufnahmen an, die er vom Eintreffen der Polizei und von dem Abtransport der Prostituiertenleiche gemacht hat, als Helen zu ihm kommt, um ihn zur Feier ihres einundzwanzigsten Geburtstages einzuladen. Als Geburtstagsgeschenk zeigt er ihr Filme, die sein Vater von ihm als Kind gemacht hat und bei denen er höchste Angst empfunden hat. Auch Helen erschrecken die Filme.

Schnitt.

Mark beobachtet bei seiner Arbeit im Filmstudio mit Interesse Diane Ashley, die Hauptdarstellerin des Films, der gerade gedreht wird. Sie versucht vergeblich Todesangst zu mimen.

Schnitt.

Mark macht nach Feierabend von der attraktiven Statistin Vivian heimlich Probeaufnahmen. Dabei stellt sich nach langwierigen Vorbereitungen heraus, daß ein Bein des Kamerastativs ein ausfahrbares Messer enthält.

Schnitt.

Mark filmt am nächsten Tag, wie Vivians Leiche im Studio entdeckt wird. Er filmt auch die ersten Untersuchungen der Polizei und wird beinahe entdeckt, als

er sich auf der Lichtbühne unter dem Dach des Studios versteckt.
Schnitt.
Ein Psychiater, den die Polizei zu Rate gezogen hat und der Marks Vater, einen einst weltberühmten Psychologen, kennt, spricht im Filmstudio mit Mark. Die Polizei findet heraus, daß im Fall der Prostituierten und der Statistin ein und dieselbe Mordwaffe verwendet worden ist.
Schnitt.
Mark trifft sich mit dem aufreizenden Fotomodell Milly, die nur mit einem mehr oder weniger durchsichtigen Neglige' bekleidet ist. Milly legt sich nackt auf sein Bett. Er filmt sie.
Schnitt.
In Marks Abwesenheit ist Helen in seine Wohnung gegangen, die er versehentlich nicht verschlossen hat, um auf ihn zu warten. Sie stellt den Filmprojektor an und sieht Marks Film über Vivians Tod. Sie flieht verstört aus der Wohnung – und rennt Mark in die Arme, der mittlerweile weiß, daß ihm die Polizei auf der Spur ist.
Mark enthüllt Helen alles, auch daß sein Vater ihn als Versuchskaninchen für Experimente über Todesangst benutzt hat. Er zeigt Helen seine Kamera – mit dem Messer und einem Spiegel, der so angebracht ist, daß sich die Gefilmten in ihm sehen. Er verrät Helen auch, daß jedes Zimmer im Haus mit Mikrophonen

ausgestattet ist, die sein Vater hat installieren lassen.
Schnitt.
Mark stürzt sich in das Messer im Bein des Kamerastativs.
Mark Lewis' Vater wird in dem Film von Regisseur Michael Powell selber gespielt. Sein siebenjähriger Sohn spielt Mark als Kind. Das Haus, in dem Mark wohnt – und das er von seinem Vater geerbt hat –, ist Powells Haus. Die Aufnahmen mit seinem Sohn als kleinem Mark hat Powell selber gefilmt.
Er wollte keinen ›Horror-Film‹ drehen, sondern einen ›Film des Mitleids‹, eine ›psychologische Studie‹.
Und so verstand auch Karlheinz Böhm seine Rolle: »Der Mark war für mich nie ein Sexualmörder in dem Sinn, und so habe ich ihn auch gespielt: ein von seinem Vater auf brutalste Weise zerstörter Junge, und die Destruktion des Jungen und das Drillen auf einen Menschen, der die höchste Angst finden will, nämlich die Todesangst.
Und als der Junge dann einen Beruf übernimmt, kann er eigentlich gar nichts anderes werden als Kameramann. Und er wird Assistent in einem Filmstudio, und eigentlich nur, um immer nur zu sehen, zu forschen, wo finde ich die größte Angst, wo kann ich die höchste Angst sehen. Man kann ihn (Mark) nicht glatt verurteilen und sagen, da, der muß sterben am Schluß, sondern die Figur, so wie sie gezeigt wird,

weckt Mitleid beim Publikum. Aber der innere Widerstreit, die Tatsache, einen Mörder sympathisch zu finden, der drei Frauen umbringt im Verlauf des Films, das funktioniert einfach sehr schwer mit Menschen.«

Karlheinz Böhm sollte recht behalten, aber auch Michael Powell, der ihm gegenüber schon damals nach Beendigung der Dreharbeiten prophezeite, daß »der Film von seiner Zeit nicht verstanden wird und seiner Zeit wesentlich voraus ist«.

»Allerdings das Desaster, den totalen Reinfall, den der Film dann nach seiner Premiere in London hatte – es war eine Galapremiere mit Smoking und ich weiß nicht wem alles eingeladen, von der Königsfamilie waren Leute da –, das hat er, glaube ich, nicht vorausgesehen, genausowenig wie ich es vorausgesehen habe«, sagte Karlheinz Böhm. »Wir haben beide aus ganz verschiedenen Perspektiven doch unendlich viel von diesem Film erwartet.«

Um so schlimmer traf beide die vernichtende Kritik. In der ›Daily Tribune‹ schrieb Derek Hill: »Die einzig befriedigende Art und Weise, ›Peeping Tom‹ zu beseitigen, wäre ihn zusammenzukehren und ihn schnell die nächste Toilette runterzuspülen. Selbst dann würde der Gestank zurückbleiben.«

Der Kommentator der ›Empire News‹ : »Der gemeinste Film, den ich je gesehen habe.«

Diesem Urteil schloß sich auch William Whitebait in

›The New Statement‹ an: »›Peeping Tom‹ stinkt mehr als alles andere im britischen Film seit ›The Stranglers of Bombay‹. Was mir Sorgen macht, ist die Tatsache, daß sich überhaupt jemand mit diesem Dreck beschäftigt hat und ihm eine kommerzielle Form geben konnte.«
Ein anderer Kritiker: »Ich hörte, daß der Zensor aus ›Peeping Tom‹ eine schockierende Szene herausgeschnitten hat, in der eine Frau brutal ermordet wird. Vielleicht hat er danach seine Schere verloren. Denn er ließ 9789 Fuß des absolut scheußlichsten Films übrig, den ich je gesehen habe.«
Karlheinz Böhm erinnert sich:
»Die Reaktion hat Powell völlig umgeworfen. Er war perplex und war fassungslos, er war bis zu Tränen getroffen über das, was über ihn in den Zeitungen geschrieben wurde. Er hat wohl vorausgesehen, daß die Form – und er hat dann oft von Hitchcock und von ›Psycho‹ gesprochen – daß da doch gewisse Vergleichsbasen sind. Er kennt Hitchcock sehr gut und verehrt ihn auch sehr, aber daß eine so violente Ablehnung passierte, wie sie dann passiert ist, das hat er nicht geahnt.«
Für Powell war der Film eine Katastrophe. »Eine ganze Generation von Verleihern wollte seinetwegen nichts mehr mit mir zu tun haben. Dieser Film hat mich ruiniert. Nach ›Peeping Tom‹ war es unmöglich, Unterstützung für andere Projekte zu bekommen.«

Der Regisseur weiter:
»Die Presse kreuzigte mich. Nat Cohen, der Verleiher, mochte das Projekt und startete den Film im Plaza in London. Aber diese Kritiken verängstigten ihn so, daß er den Film nach fünf Tagen zurückzog. Damit war er gestorben, und die Kontroverse ließ meine Karriere praktisch in einem Trümmerhaufen enden. Man betrachtete mich bereits als unberechenbar, und das gab mir den Rest. Ich habe nie herausgefunden, was die Kritiker so erschreckend fanden, denn es ist überhaupt kein gewalttätiger Film – diese Geschichte, wie man den Film zusammenkehren und eine Toilette runterspülen sollte. Unglaublich! Der Film ist eine psychologische Studie, darauf haben wir unsere ganzen Anstrengungen konzentriert. Man sieht überhaupt kein Blut, außer am Ende.«
Den Kritikern hielt Powell entgegen:
»Es ist ein Film über das Kino von 1900 bis 1960. Ein Film, der in den kommenden Jahrhunderten mit Freuden genossen wird. Das Gegenteil eines realistischen Films. Es ist eine Träumerei und ein sehr persönlicher Film.«
Resümee des Regisseurs:
»Heute glaube ich, daß ›Peeping Tom‹ erfolgreich gewesen wäre und nicht diese Kritiken bekommen hätte, wenn er mehr Humor gehabt hätte. Es zieht sich kein Humor durch den Film wie in ›Psycho‹. Man muß bedenken, daß Hitchcocks Karriere damals auch

einen Tiefpunkt erreicht hatte. Aber sein Film war großartig. Ich dachte, gut, der alte Meister hat's wieder mal gebracht, weil er Humor hat, und schickte ihm ein Telegramm nach Hollywood. Am nächsten Abend klingelte das Telefon, und ich hörte diese großartige Stimme: Hier ist Hitchcock. Vielen Dank, alter Junge.« Powell hatte keine Freunde, die zu ihm hielten. »Nicht nur, daß die Finanziers ausblieben, daß ihm kein Mensch mehr Geld geben wollte und ihm kein Hund mehr ein Stück Brot, wie man so sagt, sondern auch private Freunde haben sich von ihm zurückgezogen«, erinnert sich Karlheinz Böhm. »Und das war eine Sache, glaube ich, die ihn noch mehr getroffen hat. Es haben sich Menschen tatsächlich von ihm distanziert, daß ein Mann dieser Größenordnung einen solchen, wie man damals meinte, ›Dreck‹ gedreht hat, das haben viele seiner Freunde nicht geschluckt.« Powell hat den Mißerfolg nie Leo Marks, dem Drehbuchautor, in die Schuhe geschoben. Er koproduzierte sogar den Spionagethriller ›Sebastian‹, (1968, Regie David Green, mit Dirk Bogarde und John Gielgud), zu dem Marks die Originalstory geschrieben hatte. Marks verfaßte außerdem das Drehbuch zu dem Psychothriller ›Twisted Nerve‹ (1968, Regie Boulting). Powell, der ursprünglich auch mit Böhm die Novelle ›Heart of Darkness‹ von Joseph Conrad hatte verfilmen wollen, wurde erst viele Jahre später von Francis Coppola wiederentdeckt und als künstlerischer Berater verpflichtet. Eine Vorlage für Coppolas Vietnamfilm ›Apocalypse Now‹ war Conrads ›Heart of Darkness‹.

Die gleiche moralische Entrüstung, die zuvor in England die Karriere von Michael Powell ruiniert hatte, löste der Film 1961 bei seiner Premiere in Deutschland aus, und er versetzte auch der Laufbahn des Karlheinz Böhm einen Knacks.

»Der Film lief hier in einer also wirklich erbärmlich verstümmelten Form. Minuten waren herausgeschnitten, lieblos deutsch synchronisiert und unter einem völlig falschen Titel, nämlich ›Augen der Angst‹. Also einem Horrortitel. Aber der Film ist ja nun kein Horrorfilm, in keinster Weise.«

Die Kritiker sahen es anders.

»Abartig veranlagter Kameramann fotografiert die Angst junger Mädchen, während er sie tötet. Jetzt ist es unser sanftäugiger Karlheinz Böhm, der unter beträchtlichen mimischen Anstrengungen solchem Schmutzgewerbe nachgeht«, schrieb empört der katholische Filmdienst. »Aber nicht genug, daß er fotografische ›Pikanterien‹ für betagte Lebemänner herstellt, als willenloses Opfer seiner Ängste und krankhaften Triebe hat er unter kintoppartigen Umständen auch für beträchtliche blutige Auswirkungen zu sorgen ...«

Mit seiner Ablehnung gab der Kritiker damals offenbar den Zeitgeschmack wieder. Denn auch die ›Stuttgarter Zeitung‹ konnte sich nicht vorstellen, »was wohl Karlheinz Böhm bewogen hat«, die Rolle des Mark Lewis zu spielen. »Einen peinlicheren schmierigeren, ekelhafteren Film als diesen kann man sich kaum noch denken.«

Der ›Kurier‹ (Berlin) kommentierte:

»Da wird keine Geschmacklosigkeit ausgelassen; und es ist doppelt peinlich zu sehen, daß das Ganze als ›psychologischer Grenzfall‹ ausgegeben wird. Unter dem Deckmantel, wissenschaftlich zu sein, wird in ›Peeping Tom‹ alles gezeigt, wovon man sonst nur heimlich in sexuellen Aufklärungswerken erfährt... Nur ein krankes Gehirn kann sich diese Handlung ausgedacht und geglaubt haben, man könne damit Geschäfte machen...«

Karlheinz Böhm erging es damals wie Powell: er wurde gemieden wie die sprichwörtliche Pest.

»In meinem Basisland wollte man von mir überhaupt nichts mehr wissen. Man hat mir nicht verziehen, daß wir Mark als einen unheimlich liebenswerten Menschen dargestellt haben, bei dem nur ein bestimmtes Rad in seinem Mechanismus zerstört worden ist.«

Erst zwanzig Jahre später sollte Karlheinz Böhm in der Rolle des krankhaften Voyeurs Mark Lewis rehabilitiert werden und als Charakterdarsteller Weltruhm erlangen.

Der amerikanische Regisseur Martin Scorcese hatte den englischen Streifen wieder ausgegraben und 1979

in ungekürzter Fassung beim New Yorker Filmfestival gezeigt. Mit der gleichen Leidenschaft, mit der ›Peeping Tom‹ einst verrissen worden war, lobte ihn jetzt die Kritik. Zum erstenmal begriffen die Zuschauer, daß der Film eine Geschichte erzählt, in der Regisseur Powell die vielschichtigen Beziehungen zwischen einem Filmer und seinem Medium, dem Zuschauer und dem Bild auf der Leinwand erforscht. »Einer der zehn besten Filme der Welt«, lobte William Johnson in ›Film Quarterly‹.
Der Kritiker Elliot Stein: »Ein Film, den sich Godard hätte ausdenken können ... Kraftvoll und bewegend ... Es gibt keine bewegendere, zum Scheitern verurteilte Liebesaffäre in irgendeinem anderen Film ...‹
Und: »Auguste Renoir sagte, er würde mit seinem Schwanz malen, Mark Lewis macht's mit seinen Filmen ... Wir sind nicht nur alle Voyeure, die den Film betrachten – Mark betrachtend, der seine Opfer betrachtet, die ihren eigenen Tod betrachten –, sondern fast jeder in diesem Film ist, offen oder heimlich, ein Voyeur ...«
Nachdem der Film in Amerika zum »Meisterwerk« avanciert war, wurde er auch in Deutschland als einer der »bizarrsten und bewegendsten Filme unserer Tage« zum Kino-Renner.
Heute erscheint es rätselhaft, wie die Kritiker damals die Fülle von Qualitäts-Hinweisen übersehen konn-

ten. Rätselhaft auch, weil der Film nach heutigen Kino-Maßstäben mit Sex und Gewalt mehr als geizt. Dafür ist er mit hintergründigen Anspielungen gespickt: auf die Lust an Film und die Angst auf Film. Alle Mordopfer im Film sind Frauen, deren Beruf es ist, sich zur Schau zu stellen: Fotomodell, Filmstatistin, Prostituierte. Schon das erste Bild von ›Peeping Tom‹ ist ein Blick durch den Sucher einer laufenden Kamera. Der Zuschauer ›muß‹ hinsehen. Und indem er hinsieht, wird er zum Komplizen. Er wird ins Geschehen mit einbezogen.

»Ich halte das nicht aus«, stöhnten New Yorker Kinobesucher bei der Wiederaufführung und harrten dann doch bis zum Ende des Films aus.

Der Streifen ging unter die Haut, und gerade berufsmäßige Zuschauer wie die Kritiker mußten sich betroffen und getroffen fühlen, wurden sie doch auch auf die geheimen, heimlichen und wollüstigen Aspekte ihres Zuschauens hingewiesen.

Vielleicht oder gerade deshalb hatten sie vor zwanzig Jahren noch so empfindlich reagiert, weil ›Peeping Tom‹ subversives, tabuverletzendes und grenzüberschreitendes Kino war.

Karlheinz Böhm über die späte Rehabilitation:

»Es gibt ja leider sehr wenig Kollegen, die das Glück haben, was ich mit ›Peeping Tom‹ habe, nämlich, daß eine Arbeit, die so offensichtlich zum Zeitpunkt des Herauskommens verkannt wurde, wenn auch spät

erst, anerkannt wird«, sagte er in einem Rundfunkinterview. »Der Film bekommt Kritiken, die also alles übertreffen, was ich in meinem Leben je an Kritiken gehabt habe, an positiven Kritiken gehabt habe. Beim Theater kann einem so ein Fall ja nie passieren, weil eine Aufführung wird selten vergessen und bekommt höchstens einen legendären Ruf, der nicht überprüfbar ist. Im Falle eines Filmes ist es überprüfbar, und ich bin auch überzeugt, daß meine kritische Distanz zu meiner Arbeit, die über zwanzig Jahre herliegt, bestimmt eine sehr große ist. Ich war damals 32 Jahre alt und habe bestimmt sehr viel rein handwerklich und auch menschlich dazugelernt, wie man heute filmt und Theater spielt. Aber es ist immerhin ganz toll, daß man die Relativität einer schlechten Kritik an der eigenen Haut zu spüren bekommt.«
Die heutige Zustimmung zum Film, der ein Thema aufgriff, das Menschen lieber verdrängen, macht ihn zugleich aber auch ein wenig mißtrauisch.
»Haben wir uns wirklich so verändert?«

Acht Jahre im selbstgewählten Exil

»Ende der fünfziger Jahre war ich ein Produkt der Wachstumsgesellschaft. Ich war benebelt durch den Materialismus, durch die Freude am rein äußerlichen Leben, durch schöne Kleider, schöne Reisen, schöne Ferien, schöne Filme, schöne Frauen, durch alles . . .«

Cannes 1962.

Wenige Meter von dem Schickeria-Treffpunkt entfernt liegt auf einem Felsen über dem blauen Mittelmeer das Schloß ›La Napoule‹. Dort gab der Bürgermeister von Cannes anläßlich der Filmfestspiele einen Empfang für die internationale Presse.

An gepflegten Kieswegen waren Stände aufgebaut. Wein, Aperitifs und andere Getränke wurden ausgeschenkt.

Im strahlenden Sonnenschein tummelten sich Kritiker, Reporter und Fotografen.

Wie immer bei solchen Anlässen wimmelte es auch auf dieser Gartenparty von hübschen Mädchen aller Nationalitäten, und sie boten den Fotografen aparte Motive für die Linse.

Unter all diesen Filmsternchen war auch ein unbe-

kanntes blondes Mädchen, das die Blicke der Anwesenden auf sich zog.
Die Reporter stellten die üblichen Fragen.
»Wo kommen Sie her?«
»Aus Polen«, sagte die Unbekannte.
»Wie heißen Sie?«
»Barbara Kwiatkowska, und ich bin zum erstenmal im Westen.«
Jetzt horchten die Reporter auf. Sie wollten auch den Rest der Geschichte wissen. Freundlich stand ihnen die junge Polin Rede und Antwort.
Geboren wurde sie am 1. Juni 1940 in Patrowo als Tochter eines Bauern. Sie besuchte eine Ballettschule und debütierte 1955 in dem Kurzfilm ›Episode‹. Zwei Jahre später spielte sie in der Komödie ›Eva will schlafen‹ von Tadeusz Chmielewski. Die Rolle machte sie bekannt, und es gelang ihr, sich innerhalb kürzester Zeit zu einer der beliebtesten Schauspielerinnen des polnischen Films hochzuarbeiten.
Sie erzählte den Reportern auch von ihrem Mann, dem genialen polnischen Jungregisseur Roman Polanski, der damals gerade seinen ersten Film ›Das Messer im Wasser‹ gedreht hatte und in London, München und Paris nächtelang mit Leuten vom Film diskutierte.
Während des Interviews kam der französische Regisseur René Clement dazu und erkundigte sich ebenfalls, wer die junge Dame sei...

Sein Interesse sollte für die Karriere der im Westen bis dahin unbekannten Schauspielerin von entscheidender Bedeutung sein.
Ein Jahr später tauchte die schöne Polin wieder in Cannes auf. Aber unter einem anderen Namen. Sie hieß jetzt nicht mehr Kwiatkowska, sondern Barbara Lass. Und sie war auch nicht als scheuer Zaungast gekommen, sondern als ›Vedette‹, als Star des René-Clement-Filmes ›Halt mal die Bombe, Liebling‹ mit Alain Delon.
Von Roland Polanski hatte sie sich inzwischen getrennt. Kaum war sie nach Frankreich zurückgekehrt, trat Jacques Bar an sie heran, der für seinen Kriminalfilm ›Rififi in Tokio‹ eine Darstellerin für die Rolle der Françoise suchte.
Barbara Lass sollte eine junge Frau spielen, die mit ihrem Mann, einem Experten im Safe-Knacken, nach Tokio kommt und sich aus Langeweile in ein gefährliches Liebesabenteuer einläßt. Für die Rolle des Liebhabers war Karlheinz Böhm verpflichtet worden.
Aus dem Spiel vor der Kamera wurde Ernst. Beide wollten nicht nur Partner im Film sein, sondern auch fürs Leben. Bald danach heirateten sie in dem kleinen Schweizer Bergdorf Corregia bei Lugano. Nach der Stewardeß Elisabeth Zonewa und der Schauspielerin Gudula Blau war Barbara Lass die dritte Frau im Leben von Karlheinz Böhm. Und diese Ehe sollte am längsten halten – siebzehn Jahre.

In den Jahren, bevor ihr Glück zerbrach, kamen sie sehr gut miteinander aus, und als Karlheinz Böhm sich in einer scheinbar ausweglosen Situation befand, war seine Frau bei ihm. Er konnte sich an sie lehnen und mit ihr über seine Probleme sprechen. Sie blieb auch bei ihm, als er zu verzweifeln drohte. Und sie war es, die ihm half, einen Weg aus der Ratlosigkeit zu finden.

In dieser Zeit des selbstgewählten Exils in der Bergeinsamkeit von Corregia begann auch der innere Umbruch von Karlheinz Böhm, der Prozeß des Fragens und des Zweifelns an sich selbst und an der Welt. Er begann wieder zu lesen. Er machte sich nicht nur Gedanken über seine Wanderjahre als Star der fünfziger Jahre und über die Illusion der heilen Welt, die er damals verkörpert hatte. Er dachte auch über den Sinn des Lebens und die Zukunft der Menschheit nach.

Aus dem Schauspieler wurde ein kritischer Denker, der sich Fragen stellte, die er vorher verdrängt hatte. Nach jahrelanger innerer Klausur und Film-Abstinenz hatte auch der Schauspieler Karlheinz Böhm ›begriffen‹ und schlug einen neuen Weg ein, der die endgültige Wende und Abkehr von seinem alten Leben bedeutete.

Karlheinz Böhm begann Rollen und Aufgaben zu suchen, die seinen neuen selbstgesetzten künstlerischen Maßstäben entsprachen. Er fand sie: beim Theater, bei der Oper, beim Fernsehen und schließlich auch wieder beim Film. Und die Zuschauer lernten einen neuen Karlheinz Böhm kennen – geläutert und gereifter durch die Jahre der Isolation, des Zweifels und der Selbstkritik.

Zusammen mit Johanna Matz ging er auf Theatertournee, und ›Das Himmelbett‹ von Jan de Hartog stand viereinhalb Monate lang jeden Abend in einer anderen bundesdeutschen Stadt. In Wien sah man Böhm als ›Chicken‹ in Tennessee Williams ›Ein Königreich auf Erden‹. Anschließend war er auf Tournee durch die Bundesrepublik.

In den folgenden Jahren spielte er viel Theater, unter anderem ›Hedda Gabler‹ und ›Liebelei‹ in Zürich, ›Anatol‹ und ›1 000 Clowns‹ in München. Weitere Bühnenrollen: ›Onkel Wanja‹ am Frankfurter Theater am Turm, ›Don Juan in der Hölle‹ in Köln und ›Butley‹ in Düsseldorf.

1964 führte er zum erstenmal Opernregie. Sein Debüt-Stück war ›Elektra‹ in Stuttgart. Sein Vater hatte die musikalische Leitung. Es gab heftige Verrisse.

»Es war ein Risiko mit ihm zu arbeiten«, sagte Karlheinz Böhm später in einem Interview. »Eine allzu große Hypothek.« Aber die Kommentare im Stil von »Papa wird's schon richten« hielten ihn nicht davon ab, weiterzumachen: in Graz mit Puccinis ›Tosca‹ und im Münchner Theater am Gärtnerplatz mit dem ›Zigeunerbaron‹ und ›Peter und der Wolf‹.

Auch im Fernsehen fand er ein neues Betätigungsfeld: in Arthur Schnitzlers ›Traumnovelle‹, in den Filmen, ›Verdacht gegen Harry Croft‹, ›Immobilien‹, ›Im Haus des Kommerzienrates‹ und ›Die Denunziation‹, zusammen mit Karin Hübner.
Besonders freute er sich über eine Rolle, bei der er mit seiner Frau durch eine Beethoven-Serie führte. Alles unter der Devise: Wie war Beethoven nicht.
»Wir wollten ihn von dem angehäuften Kitsch befreien und so zeigen, wie er war, wie er in der Legende lebt, wie seine Beziehungen zu Bonn waren und welche Beziehungen der heutige Mensch noch zur Musik von Beethoven hat.«
Bei dieser Serie kam ihm sein eigenes Musikverständnis zugute, das er mit Nietzsches Worten so umschreibt: »Ohne Musik wäre das Leben ein Irrtum.«
Von frühester Kindheit wurde er mit Musik überschüttet: »Musik ist die Liebe meines Lebens. Und das hat auch mit religiösen Dingen zu tun. Mein Verhältnis zur Musik ist bis zu einem gewissen Grade mit meinem Verhältnis zu meinem Glauben verbunden, oder besser gesagt, sie ist ein Bestandteil meines Glaubens. Ich glaube, daß die Musik bis zu einem gewissen Punkt Zwischenträger ist, zwischen dem von den Menschen Erfaßbaren und Begreiflichen und dem Menschen Unbegreiflichen. Musik verstehen wir auch nicht. Musik ist weder zu erklären noch mit logischem Denken erfaßbar. Dazu reicht der menschli-

che Verstand nicht aus. Ebenso ist der Glaube nicht wissenschaftlich zu beweisen. Glaube ist etwas, was man empfindet, und so ist es auch mit der Musik . . .«

Auf der Suche nach neuen Wegen begann sich Karlheinz Böhm auch mit dem jungen deutschen Film auseinanderzusetzen.

»Inzwischen war ja nun auch in Deutschland ›Opas Kino‹ für tot erklärt worden, und der Aufstieg einer jungen Generation wurde gefeiert. Daß man die alte Garde damit auch für tot erklärte, war eine komische Methode – wenn auch vielleicht eine echt deutsche. Ich kenne keine Filmgeneration, die den Mut hatte, fast zwei Schauspielergenerationen über Bord zu werfen. Jedenfalls haben die jungen Filmemacher in Frankreich, den USA, in England oder in Italien nie auf die Namen verzichtet, die das Kino vor ihnen groß gemacht haben.«

Ein Zitat aus einem Interview, das Karlheinz Böhm 1969 in München gab. Zwischen den Zeilen klingt ein wenig Verbitterung heraus. Verständlich. Er gehörte ja auch zu den Übergangenen, und zunächst wollten die Jungfilmer nichts von dem einstigen ›Sissi‹-Darsteller wissen.

Das sollte sich ändern, als Karlheinz Böhm kurze Zeit später einem Regisseur begegnete, den die Vergangenheit nicht interessierte, sondern nur »was morgen kommt«, und dem »alles andere wurscht war«.

Dieser Mann war auch bereit, einen älteren Schauspieler wie Karlheinz Böhm in seinen Filmen zu beschäftigen. Denn sein Standpunkt lautete: »Es sind gute Schauspieler, mit denen nie richtig gearbeitet worden ist, aber man kann mit ihnen viel besser arbeiten als mit vielen anderen ...«

Der zweite Ausbruchsversuch

»Ich wollte mich verändern. Man hat mir nie guten Willen unterstellt, nie die Bemühung anerkannt, mich vorwärts zu entwickeln, mich aufzubrechen, mich in Frage zu stellen. Ich aber habe diese Skepsis auch als eine Herausforderung angenommen.«

Der Mann sah auf den ersten Blick aus wie ein mexikanischer Desperado: schwarzes Leder, Stiefel, unrasiert, Kettenraucher, Säufer.
Ausgerechnet dieser ›Bürgerschreck‹ sollte im Leben von Karlheinz Böhm eine entscheidende Rolle spielen und ihm den Weg aus der Sackgasse weisen, in der er sich in den siebziger Jahren befand.
Die Rede ist von Deutschlands genialstem Filmemacher: Rainer Werner Fassbinder.
Wie Karlheinz Böhm stammte auch Fassbinder aus bürgerlichem Milieu. Er wurde am 31. Mai 1946 in Bad Wörishofen geboren. Der Vater war Arzt, die Mutter Übersetzerin.
Die Eltern schickten Fassbinder zunächst auf die Rudolf-Steiner-Schule, später besuchte er Gymnasien in Augsburg und München bis zur Mittleren Reife.

Damals war er noch einer von vielen Schülern. Er trug nicht das ›Kainsmal‹ des Genies auf der Stirn, und keiner hat damals gesagt: Aus dem wird mal was. Zunächst sah es auch nicht danach aus. Im Archiv der ›Süddeutschen Zeitung‹ arbeitete er für 2,15 DM Stundenlohn und finanzierte sich damit sein Schauspielstudium im Fridl-Leonhard-Studio in München. 1966/67 drehte er als Autor und Regisseur die beiden Kurzfilme ›Stadtstreicher‹ und ›Das kleine Chaos‹ und stieß zum Münchner Action-Theater, aus dem Anfang 1968 das ›antitheater‹ wurde. Er arbeitete als Schauspieler und bald tonangebend als Regisseur und Autor innerhalb dieses Zusammenschlusses von Schauspielern, die keine Lust mehr hatten, Verträge mit Staatstheatern abzuschließen.

1969 drehte er mit dem Kollektiv des ›antitheaters‹ seinen ersten Spielfilm ›Liebe ist kälter als der Tod‹, der noch im selben Jahr als deutscher Beitrag bei den Berliner Filmfestspielen lief. Innerhalb eines Jahres führte er in sechs weiteren Kino- und Fernsehfilmen Regie, wurde gepriesen, gelobt, bejubelt. Bei der Bundesfilmpreisverleihung 1970 erhielt ›Katzelmacher‹, den er mit 20000 DM Eigenkapital und 140000 DM Schulden gedreht hatte, das Filmband in Gold.

In den folgenden Jahren avancierte Fassbinder zum liebsten Kind des bundesdeutschen Films und produzierte dann schneller Filme, als man sie sehen konnte. Dazwischen arbeitete er für die Bühne und das Fern-

sehen. Immer nach eigenen Ideen, Stoffen oder rabiaten Bearbeitungen vorgefundener Stücke.
Er war der ermutigendste, fast einschüchternde Beweis dafür – so befand die FAZ –, daß es einen bundesdeutschen Film gab, der sich sehen lassen konnte.
Er hat mit seinem Talent nicht Haus gehalten, das Kapital seiner Phantasiekräfte nicht gehortet und gehegt und im stillen reifen lassen, sondern immer wieder in Arbeit versetzt, produktiv gemacht zu Filmen: ein Geschichtenerzähler, Fabulierer, ein Hans-Dampf-in-allen-Gassen, dessen Stoffe immer persönlicher wurden. Sie hatten alle etwas mit seinen Erfahrungen und Ansichten, seinem Pessimismus und seiner Liebe zu tun.
Unter den Künstlern blieb er nicht eine Sternschnuppe wie viele, sondern wurde ein Fixstern, der auch im Ausland strahlte und an dem sich viele orientierten.
Er war staunenswert agil, schnell, und wo andere Atem holten, holte er sich eine Filmidee, und während die anderen noch am Überlegen waren, was sie damit anfangen könnten, hatte er schon seinen Film beendet.
Ein Kritiker verglich ihn mit einer großen Wunderkerze, die brennt und glitzert und nicht gelöscht werden kann, bis sie ausgebrannt, bis sie tot ist. Er schien zu ahnen, daß ihm nur ein kurzes Leben beschieden sein würde, und wollte es nicht damit verschwenden, hinter Normen herzulaufen, die ihm nichts bedeuteten.

Einordnen, kategorisieren ließ er sich nicht. Und Vorbilder, von denen wollte er schon erst recht nichts wissen: »Was ich mache, ist immer die jeweilige Bewußtseinsstufe, ist Ausdruck dessen, was ich gerade lebe, was ich erfahren habe. Mich interessiert nur, was morgen kommt, alles andere ist mir völlig egal.«
Bei Cola mit Rum, seinem Lieblingsgetränk, produzierte er 19 Stunden am Tag Ideen. Fünf Stunden Schlaf, so meinte er, sei genug. Er hielt es selbst schon für »pervers«, was er sich alles merken konnte, was er alles in seinem Gehirn speicherte, um irgendwann einen Film, ein Stück, ein Hörspiel daraus zu machen. Vier Tage schrieb er an einem Drehbuch. Geplante längere Arbeit war ihm verhaßt. Er machte einfach alles, lehnte nichts ab, ließ keine Idee sterben, ohne sie erprobt zu haben, gab keinen Gedanken frei, ohne ihn vorher gründlich abgeklopft zu haben.
Seinen Arbeitsstil beschrieben Mitarbeiter als »perfekt und egoistisch«, aber auch als »selbstmörderisch«: er konnte »absolut sein wie ein mittelamerikanischer Diktator« und »konzentriert und kühl wie ein Computer«. »Ich bin meine eigene Apo«, so charakterisierte er sich einmal selbst in einem Interview. »Mir ist es Wurscht, wo man mich politisch einordnet. Ich halte nichts davon, den Leuten eine fertig verpackte Ideologie hinzuhauen und dann zu sagen, nun packt mal schön aus und holt eueren Teil heraus.«

Aus diesem Stoff war also der Mann, auf den Karlheinz Böhm 1971 zuging, um mit ihm zu arbeiten. Warum gerade Fassbinder?

Böhm: »Ich kannte ihn schon aus den Tagen des ›antitheaters‹ in der Witwe Bolte im Jahr 1969. Und zuerst machten wir zusammen Theater. Das war in Hedda Gabler und Onkel Wanja. Diese Zusammenarbeit war unproblematisch, produktiv und harmonisch. Ungeachtet der sozialen Hintergründe verstanden wir uns ausgezeichnet. Wir kannten unsere gegenseitigen Schwächen und schätzten uns sehr – gerade deshalb.«

Rückblickend war für Karlheinz Böhm die Begegnung mit Fassbinder so etwas wie die Stunde der Wahrheit.

»Ich wollte mich verändern. Man hat mir nie guten Willen unterstellt, nie die Bemühung anerkannt, mich vorwärts zu entwickeln, mich aufzubrechen, mich in Frage zu stellen. Ich aber habe diese Skepsis auch als eine Herausforderung angenommen.«

Und Fassbinder half dem Schauspieler Böhm aus seiner persönlichen Krise, in dem er ihm zwei Dinge beibrachte:

»Kümmere dich nicht um die bürgerlichen Ärsche.« Und: »Du mußt zu allen Phasen deines Lebens stehen, sonst verrätst du dich selbst.«

»Dazu gehörte eben auch Sissi«, sagt Karlheinz Böhm heute. »Ich habe der leider zu früh verstorbenen

Schauspielerkollegin Romy Schneider ein halbes Jahr vor ihrem Tod in einem Telefongespräch gesagt: ›Wie schade, daß du dich nicht zu diesen Filmen bekennst.‹ Es ist ja nichts Schandbares daran, auch wenn man ihn aus der Perspektive eines Lebens hinterher ganz anders sieht, als man ihn damals als junger Schauspieler gesehen hat. Heute sehe ich, daß ein solcher Film niemals der Tragödie des Habsburger Hauses gerecht werden kann. Das habe ich damals nicht gesehen. Aber ich bekenne mich dazu, daß ich es gemacht habe. Und nur weil ich mich dazu bekenne, sind auch die Menschen, die damals Freude an den Filmen gehabt haben, heute in der Lage, mit mir weiter umgehen zu können. Um zu sagen: ok., wir vertrauen dir auch Geld an, damit du armen Menschen hilfst.«

Zwei Jahre lang arbeitete Böhm mit Fassbinders revolutionärer Filmtruppe zusammen. Ein heißes Eisen, denn die alten Böhm-Fans verabscheuten den ›Bürgerschreck‹ Fassbinder, und dessen Anhänger konnten sich mit dem bürgerlichen Karlheinz Böhm auf der Leinwand nicht anfreunden, mochte er auch noch so gut spielen.

Unter Fassbinders Regie erlebte Karlheinz Böhm zunächst in dem Film ›Martha‹ als vordergründig liebenswürdiger, in Wahrheit sadistischer Ehemann sein Comeback.

»Das Drehbuch hat mich sofort fasziniert«, erinnert er

sich. »Es ist die auf subtile Weise infame Geschichte einer Frau, in der ihr Mann die dominierende Rolle spielt.«

Böhm spielte einen sanften Sadisten, der die Frau auf die sanfte Tour schafft. Ein Beispiel: Er weiß, daß Martha heftige Sonnenbestrahlung nicht verträgt, mit Allergie darauf reagiert. Trotzdem weckt er sie nicht, als sie in der heißen Mittagssonne einschläft. So gelingt es dem stets freundlichen, aufmerksamen Ehegatten, sich allmählich Schritt für Schritt auf sein Ziel hin zu tasten. Martha, gespielt von Margit Carstensen, ist ihm am Schluß des Films ausgeliefert: Ein Unfall fesselt sie für immer an den Rollstuhl.

Böhm: »Das Ganze spielt zudem in einer bedrückenden, ungeheuer muffigen, spießig-bürgerlichen Atmosphäre. Der Mann ist das perfekte Produkt seiner Eltern – potenziert hoch fünf plus sexuellem Sadismus.«

Unter Fassbinder brach Karlheinz Böhm zum zweitenmal aus dem Käfig aus, der ihn umschloß. Er streifte die letzten Fesseln ab, die ihn noch an das ›Kaiser‹-Image banden.

In ›Mutter Küsters Fahrt zum Himmel‹ spielte er einen kaltherzig-fanatischen Linksintellektuellen. Der Film schildert die Geschichte eines Arbeiters, der gegen Massenentlassung aufbegehrt, seinen Chef erschlägt und anschließend Selbstmord begeht.

Brigitte Mira spielt die Witwe, die mit ihren Proble-

men allein gelassen wird. Da nahen zwei vornehme Gestalten, das reiche Ehepaar (Karlheinz Böhm und Margit Carstensen). Milde wie Quäker ziehen sie die Witwe ans Herz und ins schöne Heim und gestehen ihr: »Ja, Mutter Küsters, wir sind Kommunisten, Abteilung DKP.«
Das kann Mutter Küsters gar nicht glauben, sie hält sie für Millionäre.
»Was wir haben, haben wir schon lange«, belehrt sie Karlheinz Böhm, versonnen über eine rote Blume gebeugt. Er will der Alten helfen, Vater Küsters zu rehabilitieren, schreibt Aufrüttelndes in der ›UZ‹ und macht ihn postum zum Revolutionär.
Der Film schließt mit einem Show-down: Am Ende kommt ein Nickelbrillen-Typ und mißbraucht die Witwe für eine Geiselerpressung. Mit ihr und einem ›Kommando Küsters‹ besetzt er eine Zeitungsredaktion, fordert die Freilassung politischer Gefangener, mit einem Flugzeug und allem, was dazu gehört.
Den Rest erzählt Fassbinder auf Rollentiteln: es wird geschossen, und Mutter Küsters fährt zum Himmel.
Daß Fassbinder in den Figuren von Karlheinz Böhm und Margit Carstensen den inhumanen Theoriekult bestimmter Linksintellektueller treffen wollte, liegt auf der Hand. Doch selbst bedächtige Rezensenten fühlten sich von dem Film zu ausgesucht hämischen Bemerkungen provoziert.
Die Münchner ›Abendzeitung‹ notierte: »In diesem

perfiden Melodrama hat Fassbinder, nüchtern besehen, wieder eine Menge Verhaltensklischees bundesdeutscher Gegenwart verarbeitet und zu einer seiner typischen Trivialnummern verkürzt.«
Im ›Spiegel‹ schrieb Fritz Rumler: »Das Rochieren mit Klischees auf privatem Seelengrund kann viel zutage fördern, Sprachlosigkeit der Figuren und ihre eisige Einsamkeit. Polemik mit Klischees auf politischem Terrain zeugt von Denkfaulheit.«
Auch das Publikum reagierte bei der Sonderaufführung des Films im Münchner Forum so wütend, als habe ihm Fassbinder auf sämtliche Hühneraugen getreten.
Ein Zwischenrufer: »Was bilden Sie sich eigentlich ein. Ist das eine Abrechnung mit den Linken?«
Fassbinder: »Das ist kein Film über Politik, sondern über das Leben, und das besteht nun mal aus Klischees.«
Zuruf: »Wo stehen Sie eigentlich?«
Fassbinder: »Hinter der Kamera, und da gefall ich mir ganz gut.«
Einer überreichte ihm als Preis eine Rolle Klopapier.
Fassbinder: »Die Linken sind genauso dumm, wie ich sie geschildert habe.«
Zwischen 1971 und 1973 drehte Karlheinz Böhm insgesamt vier Filme mit Fassbinder, in denen er durch eindrucksvolle Charakterdarstellungen überzeugte. Vor allem auch in ›Faustrecht der Freiheit‹.

Es ist die Geschichte von Franz Biberkopf, einem arglosen Proletarier, der auf dem Rummelplatz als ›Fox, der sprechende Kopf‹ sein bißchen Geld verdient. Als die Bude geschlossen wird, weil der Besitzer pleite ist, macht Fox unvermutet sein großes Glück. Er gewinnt eine halbe Million im Lotto.
Doch die Geier sind bald zur Stelle. Er gerät – selbst homosexuell – in die besseren Kreise der Schwulen und lernt bei einem sich seriös gebenden Kunsthändler (Karlheinz Böhm mimt gekonnt vornehme Attitüde mit Skrupellosigkeit) den eleganten Unternehmersohn (Peter Chatel) kennen und wird von den feinsinnigen Typen mit den geschliffenen Manieren rücksichtslos ausgenommen.
Man läßt ihn eine teure Eigentumswohnung kaufen, richtet sie mit einem Sammelsurium von antiken Möbeln ein, bei dem Kitsch triumphiert. Auch in das Unternehmen des vornehmen Freundes steckt der ungeschickt-gutgläubige Franz an Geld, was er besitzt. Zuletzt, als er ausgebeutet ist, wird er abserviert.
Viel zu spät begreift Franz Biberkopf, daß er das willfährige Opfer kultivierter Ausbeutung ist, unterlegen dem ›Faustrecht der Freiheit‹. In einem U-Bahnhof bringt er sich um mit einer Überdosis Valium unter einer Zigarettenreklame: ›Genuß im Stil der neuen Zeit‹.
In Döblins ›Berlin Alexanderplatz‹, von dem sich Rainer Werner Fassbinder stark beeinflußt fühlte und

dem er den Namen seiner Hauptfigur entlieh, heißt es: »Wach sein. Dem Menschen gegeben ist die Vernunft, die Ochsen bilden statt dessen eine Zunft.« Oder: »Man fängt nicht sein Leben mit guten Worten und Vorsätzen an, mit Erkennen und Verstehen fängt man es an und mit dem richtigen Nebenmann.«
Etwas von dieser Moral läßt sich auch auf das Leben von Karlheinz Böhm übertragen. In Rainer Werner Fassbinder fand er den ›Nebenmann‹, der ihm mit Sätzen wie »Paß auf, Karlheinz, merkst du denn nicht, was sie mit dir machen« die Augen öffnete und ihn seine Rolle in den fünfziger Jahren in einer »ganz anderen Perspektive« sehen ließ.
»Heute wissen wir, wo Fehler gemacht wurden. Ich finde, einer der größten Fehler ist es, daß wir noch nicht in der Lage sind, eine Bekenntnisstellung zu diesen fünfziger Jahren zu haben und zu sagen, was sich falsch entwickelt hat. Warum ist es denn 1968 zu den Studentenrevolten gekommen? Warum gibt es heute den Terrorismus? Das hat alles seine Wurzeln in den fünfziger Jahren. In dem Materialismus. In dem Konsumzwang. In dem Konsumüberfluß. Erst wenn wir in der Lage sind, uns sehr offen mit aller Kritik dazu zu bekennen, dann werden wir auch keinen Terrorismus mehr haben. Dann werden wir auch mit dieser Zeit wieder besser umgehen können. Und mit uns selber auch.«
Auch Karlheinz Böhm lernte besser mit sich selbst

umzugehen: »Ich hatte zum erstenmal die Kraft, voll aus mir rauszugehen.«
Insofern war das der Beginn des Weges, der dann am 16. Mai 1981 eine endgültige Wende genommen hat in Frank Elstners fröhlich-harmloser ZDF-Show ›Wetten, daß ...‹.

Scheidung und eine neue Liebe

»In dem Moment, in dem ich eine sehr glückliche Verbindung mit einem anderen Menschen gefunden hatte, hatte ich auch die Kraft, voll aus mir herauszugehen.«

1981 war das Jahr der entscheidenden Wende im Leben des Schauspielers Karlheinz Böhm. Ein Jahr, das für ihn den »großen Umbruch« brachte und gleichzeitig den »größten, wahrscheinlich kreativsten Kraftakt« bewirkte. Aber auch das Jahr, in dem er zwei harte Schicksalsschläge hinnehmen mußte.
Am 14. August starb sein Vater Karl Böhm nach langer Krankheit in einem Salzburger Krankenhaus. Die engste Familie war im Sterbezimmer versammelt: Ehefrau Thea und Sohn Karlheinz. Er hielt seinen Vater in den Armen.
In Bayreuth ging die Wagner-Fahne auf Halbmast. Der österreichische Rundfunk unterbrach sein Programm. In die Salzburger Schaufenster stellten die Geschäftsleute Böhm-Porträts mit Trauerflor.
Ein König der Musik war tot.

Ein Dirigent, der zwar Jura studiert, aber nie Dirigieren gelernt hatte.
Ein Mann, der noch Richard Strauss und Alban Berg persönlich gekannt hatte.
Ein Maestro, der schon zu seinen Lebzeiten zur Legende geworden war.
Es gab kaum einen Konzertsaal zwischen Tokio und Los Angeles, in dem das Publikum Karl Böhm nicht bejubelt hatte. Kaum ein bedeutendes Opernhaus zwischen Hamburg und Neapel, wo sich seine Fans nicht nächtelang um Karten angestellt hatten.
Karl Böhm verkörperte ein Stück Musikgeschichte.
Es war Bruno Walter, der den jungen Grazer mit dem ›doctor juris‹ 1921 ans Münchner Nationaltheater holte und ihm die Welt Mozarts erschloß. Der zweite war Richard Strauss, von dem Böhm sagte: »Wenn eine Steigerung meiner Leidenschaft für Mozart überhaupt noch möglich gewesen ist, so hat Strauss das bewirkt. Er hat mir die letzten Geheimnisse dieses für mich größten musikalischen Genies offenbart.«
Es war auch Richard Strauss, der Karl Böhm deutlich auszeichnete: Er widmete ihm ›Daphne‹ (die Böhm noch vor dem Krieg aufführte) und übergab ihm in seinem berühmt gewordenen Garmischer Brief sein künstlerisches Vermächtnis.
Einen besseren Nachlaßpfleger hätte der hellsichtige und pfiffige Meister kaum wählen können: Böhm war bis ins hohe Alter ein feuriger Anwalt der Opern

von Richard Strauss und hat sich weltweit immer erneut auf herrliche Art für sie eingesetzt.
Aber es waren nicht allein die Namen Mozart und Strauss, die seinen Weltruhm begründeten: Haydn, Beethoven, Schubert, Brahms und Bruckner gehörten ebenso dazu wie Wagner.
Bis ins hohe Alter war der leidenschaftliche Nichtraucher und -trinker voller geistiger und körperlicher Spannkraft, unermüdlich in der fast pausenlosen Ausübung seines Metiers. Ob in New York oder Paris, in Hamburg oder Berlin, in Salzburg oder Wien – überall wurde der greise Dirigent wie ein Weltwunder bestaunt.
Mit achtzig sah er aus wie ein Sechzigjähriger, hatte die Regsamkeit eines Vierzigjährigen und musizierte mit der Vitalität eines Dreißigjährigen. Die Musik schien wie ein Jungbrunnen auf ihn zu wirken.
Wer ihn beim Dirigieren beobachtete, bemerkte, daß dann die Last des Alters von ihm abfiel.
Karl Böhm wollte sein Künstlerleben bis zur Neige ausschöpfen. Das war nicht nur sein eigener Wunsch. Auch die Konzertveranstalter bauten auf seine ›ewige Jugend‹, und sein Terminkalender war auf zwei Jahre im voraus ausgebucht.
Ewige Jugend? Er hatte immerhin einige Operationen hinter sich: eine Nieren- und eine Gallensteinoperation, die seine Lebensweise verändert haben.
»Aber am meisten zu schaffen machen mir die Au-

gen«, sagte der 84jährige in einem Interview. »Ich habe eine zweimalige Netzhautablösung hinter mir. Die erste habe ich mir schon in jungen Jahren bei einem sehr scharf dirigierten Sforzato geholt. Am anderen Auge ist es dann 1960 während eines Konzerts in New York passiert. Als ich die Partitur zu ›Capriccio‹ von Richard Strauss aufschlug, sah ich die Noten nur verschwommen. Ich hatte, wie sich hinterher herausstellte, auf dem noch gesunden Auge ein Loch in der Netzhaut. Ich flog sofort nach Wien, wo ich operiert wurde. Seit einiger Zeit bereitet mir ein langsam beginnender grauer Star auf dem rechten Auge, auf dem ich noch sehe, große Schwierigkeiten beim Lesen.«

Ein paar Jahre später hatte der graue Star das Auge noch mehr verdunkelt. Partituren konnte er praktisch nicht mehr lesen, und der Gang auf eine unbekannte Bühne wurde für ihn zum Suchspiel. Außerdem litt er an einer Altherrenkrankheit, die für ihn lange Sinfonien und Opern zur Angststrecke werden ließ.

Trotzdem sagte er: »Es wäre ungerecht, von großen Beschwerden zu reden. Die habe ich nicht.«

Wenn nicht sein steiermärkischer Akzent gewesen wäre, hätte man ihn bei soviel Selbstdisziplin für einen Preußen halten können.

Aber sein Leben sollte nicht mehr für alle seine Pläne reichen. Im März erlitt er einen Schlaganfall. Eine Lähmung behinderte seinen rechten Arm. Er mußte einen Termin nach dem anderen absagen.

»Vielleicht dirigiere ich noch ein kleines Konzert an meinem Geburtstag«, nahm er sich vor. Doch vorher wollte er nach Salzburg fahren, um Kraft und Gesundheit zu tanken.
Einmal im Jahr nach Salzburg – das war für ihn eine Pflicht. Ein Ritual, das er seit 1938 einhielt. Damals hatte man ihn dort zum erstenmal gefeiert. Er liebte die Stadt, in der er seine größten Triumphe erlebte. Mit seinem Sekretär und seiner Frau wollte er im August 1981 nur »stiller Beobachter« der Szene sein.
Der Wunsch des großen alten Mannes sollte nicht mehr in Erfüllung gehen. Ein zweiter Schlaganfall ereilte ihn.
Als Karlheinz Böhm die Nachricht erhielt, reiste er sofort zu seinem Vater und wachte ununterbrochen am Krankenbett. Aber wie alle, die um das Leben des großen alten Mannes bangten, wußte er, daß die Stunde des Abschieds gekommen war.
Wenige Tage vor seinem 87. Geburtstag starb Karl Böhm. Er wurde im engsten Kreis von Verwandten und Freunden auf dem Grazer Steinfeldfriedhof beigesetzt. In dem Familiengrab sind auch die Eltern und die beiden Brüder des Dirigenten zur letzten Ruhe gebettet.
Der Tod seines Vaters war ein furchtbarer Moment für Karlheinz Böhm. Und dann, nur zwei Monate später, starb auch seine Mutter Thea.
Fünfundfünfzig Jahre war sie mit dem großen Diri-

genten verheiratet. Sie führten eine glückliche Ehe. Sie begleitete ihren Mann zur ›Met‹ nach New York, wo 1957 seine Weltkarriere begann.
Die ausgebildete Konzertsängerin war Karl Böhms zweite Ehefrau. Er heiratete sie 1927. Als Sohn Karlheinz geboren wurde, verzichtete Thea Böhm auf ihre Karriere und widmete sich ganz der Familie. Selten noch arbeitete sie als Gesangspädagogin.
Als Karl Böhm am 14. August 1981 starb, hatte seine Frau gerade noch die Kraft, an den Begräbnisfeierlichkeiten teilzunehmen. Kurze Zeit später wurde sie schwer krank.
Sooft es seine Zeit erlaubte, besuchte Karlheinz seine Mutter in der Klinik. Aber er konnte ihr nicht helfen. Sie konnte den Tod seines Vaters nicht verwinden und verlor immer mehr die Kraft zum Leben.
Mit einem Schlag hatte er innerhalb kürzester Zeit zwei Menschen verloren, die ihm ein Leben lang Liebe und Geborgenheit gegeben hatten. Sie hatten sich mit ihm über seine Erfolge gefreut. Sie waren stolz auf ihn gewesen. Aber zuletzt hatten sie sich auch über das Engagement ihres Sohnes gesorgt, der dem Hunger den Kampf angesagt hatte.
»Sie hatten ungeheuere Ängste, daß mir etwas passieren könnte«, sagte Karlheinz Böhm.
Aber die selbstauferlegte Mission des Sohnes hatte sein Vater schließlich akzeptiert: »Mein Verhalten hat ihn verstört, ganz sicherlich. Ich war ihm von den

siebziger Jahren an ein unbequemer Gesprächspartner.«
Und der Hilferuf für die Hungernden? Wie hat sein Vater darauf reagiert?
»Ihn hat einzig und allein die väterliche Sorge bewegt: Was wird aus deinem Beruf?«
Eine Frage, die für Karlheinz Böhm von einem gewissen Zeitpunkt seines Lebens an nicht mehr so wichtig war. Nachdem er die Fernsehwette abgeschlossen hatte, mußte er auch dazu stehen. Er mußte sein Versprechen einlösen. Er mußte den einmal eingeschlagenen Weg weitergehen, auch wenn er seine ganze »körperliche und seelische Kraft« in Anspruch nahm.
Er konnte und wollte nicht mehr umkehren.
Warum hat er so gehandelt?
Er hätte sich auch auf seinen Erfolgen als Schauspieler ausruhen können. Nach dem Motto: »Ich will das Leben genießen.«
Er hätte es gekonnt. Er war mit Beifall und mit Ruhm gesegnet. In München besaß er die Villa seines berühmten Vaters, 10000 Quadratmeter Grund und Vermögen. Er war beliebt. Er hatte Freunde in der ganzen Welt.
So einfach hätte er es sich machen können: Jeden Abend eine gute Flasche Wein auf den Tisch. Strauss-Klänge in Stereo. Schöne Reisen. Schöne Kleider. Und zwei- oder dreimal im Jahr ein anspruchsvolles Film- oder Theater-Engagement.

Nein.
Statt dessen schlug er konsequent einen anderen Weg ein. Den unbequemeren. Er wählte eine neue Lebensaufgabe.
»Weil ich nicht länger diesen ganzen Wahnsinn mit ansehen konnte, ohne etwas zu tun. Ich mußte es tun. Warum wundert das so viele Menschen? Mich wundert es, warum andere es aushalten, diesen ganzen Wahnsinn mit anzuschauen und nichts zu tun.«
Der Wahnsinn, das ist für ihn die gigantische Rüstung in Ost und West. Die Vernichtung der Lebensmittel, mit denen man leicht den Hunger in der ganzen Welt stillen könnte. Der selbstmörderische Umgang mit unserer Umwelt.
»Als ich einmal im Radio hörte, daß der Verteidigungsminister Apel eine Milliarde Mark allein für Flugbenzin ausgibt, aber alle fünf Sekunden auf der Welt ein Mensch an Hunger oder Unterernährung stirbt, daß 800 Milliarden Dollar auf der Welt jedes Jahr für Rüstung verpulvert werden, aber 800 Millionen Menschen unterhalb der Armutsgrenze vegetieren, da hat es mir irgendwie gereicht.«
Bei diesem Thema kommt Karlheinz Böhm in Fahrt.
»Einfach in die Bierkneipe gehen, zu sagen, Mensch, wie fürchterlich das ist und wie entsetzlich, mit der Faust auf den Tisch zu hauen und dann noch drei Bier zu trinken, das schaffe ich nicht mehr.«
Er unterstreicht die Sätze mit Handbewegungen.

»Wenn ich sehe, daß Menschen zugrunde gehen, dann greife ich doch ein.«
In seiner neuen Lebensgefährtin Eva Hess fand er eine Partnerin, die verstand, daß er auf der Suche nach seiner eigenen Wahrheit war. Sie begriff, daß er helfen wollte. Sie machte ihm Mut. Sie war bereit, mit ihm für die gleichen Ideale zu kämpfen.
»Eva hat die schwere Last auf sich genommen, mit mir zusammenzuleben und auch ihr eigenes Leben völlig zu ändern«, sagt er. »Sie ist mir eine Kritikerin und Helferin in jeder Beziehung.«
Und Eva Hess ergänzt: »Was gibt es Schöneres, als mit dem Mann, den man liebt, für das gleiche Ideal zu kämpfen. Seite an Seite, im Kopf und im Herzen ganz nah.«
Kennengelernt hatte Karlheinz Böhm die schlanke junge Frau mit dem blonden Haar und den lebhaften graugrünen Augen am Düsseldorfer Schauspielhaus. »Ich hatte gerade mein Studium als Modedesignerin abgeschlossen und einen Job als Kostümbildnerin bekommen, da sprach Karlheinz mich an«, erinnert sich Eva Hess. »Eigentlich wollte ich in Rio arbeiten. Ich hatte das Flugticket schon in der Tasche. Zwei Wochen später habe ich es zerrissen.«
Von diesem Zeitpunkt an waren Karlheinz Böhm und die 25 Jahre jüngere schwäbische Schneiderin unzertrennlich. Er war zwar noch mit der Schauspielerin Barbara Lass, geborene Kwiatkowska, verheiratet.

Doch die Ehe bestand nur auf dem Papier. 1980 trennte er sich nach 17 Jahren von seiner dritten Frau und zog mit Eva Hess in eine Bungalow-Reihensiedlung in Düsseldorf-Kaarst.
Fortan war Eva Hess immer an seiner Seite. Sie begleitete ihn auch, als er am 4. Dezember 1981 zum zweitenmal nach Äthiopien flog, um seine Wette einzulösen. Aber nicht nur das.
»In dem Moment, in dem ich eine sehr glückliche Verbindung mit einem anderen Menschen gefunden hatte, hatte ich auch die Kraft, um das zu tun, was ich vorhatte«, bekennt er. »Ohne Eva wäre alles nicht gekommen.«

Sechs Monate waren seit der spektakulären Fernsehwette vergangen. Viele Menschen fanden die Idee großartig. Aus dem Schneeball, den Karlheinz Böhm losgetreten hatte, war eine Spendenlawine von zwei Millionen DM geworden.
Er war inzwischen von seiner ersten Informationsreise nach Äthiopien im Oktober 1981 in die Bundesrepublik zurückgekehrt. Die Bilder, die er dort sah, hatten sich für immer in sein Gedächtnis eingegraben. Er konnte die Gesichter der Männer, Frauen und Kinder nicht vergessen. Gesichter, in denen jeder Lebenswille erloschen war. Gesichter, die das Zeichen der Hoffnungslosigkeit trugen. Die Gesichter eines gezeichneten Volkes.

In dem kleinen Dörfchen Babile war er zum erstenmal in seinem Leben in einem Flüchtlingslager gewesen. 70 Kilometer weiter hatte er das Lager Jijiga besucht, in dem damals 21000 Flüchtlinge untergebracht waren. Anschließend war er nach Deghabur geflogen, in die Halbwüste Ogaden, wo sich ein Camp mit 24 000 Menschen befand.

»Als ich diese Lager das erste Mal sah, diesen Elendsgeruch, diese abgestumpften Gestalten, war ich vollkommen fertig«, sagt er. »Die Menschen hatten Krätze, Läuse, alle Darmkrankheiten dieser Welt. Am liebsten hätte man die Kinder auf den Arm genommen und irgend etwas getan.«

Auf dem Rückflug nach Deutschland drehten sich seine Gedanken nur um ein Thema: Man mußte diese Menschen aus den Todeslagern herausholen.

»Es war entsetzlich, daß sie dort jahrelang gefüttert werden. Zum Sterben zuviel, zum Leben zu wenig.« Aber wie konnte man sie aus ihrer Hoffnungslosigkeit herausreißen?

Obwohl Karlheinz Böhm ein Amateur in Sachen Entwicklungshilfe war, fand er intuitiv die richtige Lösung: Man mußte ihren Lebenswillen aktivieren, ihnen eine neue Aufgabe, eine neue Heimat geben.

Je mehr er sich mit dieser Idee beschäftigte, desto konkretere Formen nahm sein Plan an: Man könnte diese Menschen im Erer-Tal ansiedeln, wo die Vor-

aussetzungen teilweise schon gegeben waren, daß sie sich selbst ernähren konnten.
Doch Karlheinz Böhm erlebte auch Augenblicke des Zweifels. Dann fielen ihm all die Warnungen ein, die man ihm in Deutschland mit auf den Weg gegeben hatte.
Aber er ließ sich davon nicht entmutigen. Mit der »Relief and Rehabilitation Commission« RRC, der Flüchtlingshilfeorganisation von Äthiopien, handelte er einen Vertrag für die Farm aus.
Er kam stellvertretend für viele Menschen, die helfen wollten. Menschen, die ihm ihr Vertrauen mit ihren Spenden geschenkt hatten.
In den kommenden Wochen bewies er nicht nur beim Motivieren anderer schauspielerische Überzeugungskraft, sondern auch Organisationstalent und Verhandlungsgeschick.
Inzwischen war am 10. November in München eine andere wichtige Entscheidung gefallen: die Stiftung ›Menschen für Menschen‹ wurde als gemeinnütziger Verein anerkannt.
Die Idee, die Hilfsaktion unter diesem Titel laufen zu lassen, kam von Edith Kadelburg aus Erlangen. In einem Brief an Bundespräsident Carstens, datiert vom 28. Mai 1981, hatte sie diesen Vorschlag gemacht.
Von Tag zu Tag wuchs jetzt die Verantwortung, die Karlheinz Böhm übernommen hatte. Er hatte versprochen, daß von einer Spendenmark über 95 Pro-

zent in Äthiopien wirksam würden. Das war nur mit geringem Verwaltungsaufwand und äußerster Sparsamkeit zu schaffen. Allein konnte er das nicht erreichen.
Aber er war nicht allein. Sein Engagement wirkte ansteckend. Er war der Zündfunke eines Feuers der Begeisterung, das sich immer weiter ausbreitete. Von allen Seiten der Bevölkerung, ob arm oder reich, bekam er viele gute Ratschläge und aktive Unterstützung.
Die Chefin eines großen Versandhauses stellte der Stiftung ›Menschen für Menschen‹ kostenlos in München ein Büro zur Verfügung. Einer der renommiertesten Anwälte Deutschlands vermittelte einen Computer zur Buchführung und eine Sekretärin. Ein Pharma-Konzern und viele Ärzte halfen mit lebensnotwendigen Medikamenten. Ein Autohändler in Düsseldorf gab zwei Landcruiser, und eine Zeltfirma zwei große Zelte mit der Aufschrift ›Menschen für Menschen‹ zum Billig-Preis ab.
Auch seine engsten Mitarbeiter standen inzwischen fest: seine Lebensgefährtin Eva Hess, der Benediktinerpater Placidus, Joachim Gröger, ein Mitarbeiter des Technischen Hilfswerkes in Bremen, und Mattewos Adaye, Mitarbeiter der RRC.
Am 20. Dezember 1981 ging es los.

Weihnachten im afrikanischen Busch

»Daß man auch mal hinter die Fassaden der Luxushotels geguckt hätte oder mal in die Slums gegangen ist – das hat mir damals völlig gefehlt.«

Es war eine heiße Nacht. Der Himmel hing voller Sterne, so klar und leuchtend, wie man sie nur in Afrika sehen kann. Der Pater hatte in der nahen Leprastation eine Flasche Rotwein organisiert. Dann holte er einen Meßkelch und eine Stola aus seinem Gepäck. Er warf sie über die Jeansjacke und begann die Weihnachtsgeschichte zu erzählen.

Heiligabend 1981.

Wien und Europa waren fern. In den letzten Jahren hatte Karlheinz Böhm immer einen Horror vor dem Weihnachtsfest gehabt.

Dieser Heilige Abend im ostäthiopischen Erer-Tal war ganz anders. Ohne Geschenke. Ohne Tannenbaum. Ohne Festessen. Denn nicht weit war die harte Realität. Der Hunger. Die Not. Das Elend.

Auch in dieser Christnacht 1981 starben in Äthiopien

wieder Menschen. Vor allem Kinder. Sie waren die Schwächsten und starben zuerst.
Hunger – wie viele Menschen im gesättigten Mitteleuropa können diesen zum Diät-Begriff verkommenen Entzugszustand überhaupt noch begreifen als die qualvolle, schleichende Auszehrung des Körpers, die mit dem Tod endet.
»Bei vollständigem Nahrungsentzug«, so heißt es in Meyers Enzyklopädischem Lexikon, »reichen die Energiereserven eines durchschnittlich ernährten, gesunden Menschen rund 50 Tage aus.«
Erst werden die Fettreserven abgebaut, dann folgt das Muskelgewebe. Jeder Tag ohne Nahrung schwächt die Abwehrkräfte des Körpers. Ein simpler Schnupfen, für den Gesunden ein Ärgernis, kann für den Hungernden das Ende sein.
Die Statistik nennt 300000 Hungertote seit dem Ausbruch der Dürrekatastrophe in diesem von Kriegen und Armut heimgesuchten Land der Dritten Welt.
»Doch die Dunkelziffer dürfte weitaus höher liegen«, vermutet Karlheinz Böhm. »Die Zahl 300000 schlüpft so leicht über die Lippen. Churchill hat einmal gesagt: ›Wenn ein Mensch stirbt, ist es eine menschliche Tragödie, wenn 100000 sterben ist es eine Statistik.‹ Hier sind es keine 300000 Menschen, sondern 300000mal ein Mensch, 300000mal Entsetzen, 300000mal Apokalypse. Selbst die schlimmsten

Bilder im Fernsehen geben nur einen Bruchteil der alltäglichen Tragödie wieder.«

Vier Tage vor diesem Heiligabend, am 20. Dezember 1981, hatte Böhm endlich den Papierkrieg mit der äthiopischen Bürokratie gewonnen. Er durfte losfahren. 500 Kilometer lagen vor ihm und seinen Helfern. Eine Zweitagereise über Schotterstraßen und Pisten durch ein fremdes Land, das fast alle Gesichter Afrikas in sich vereint. Die Gesichter der Menschen sowie der Landschaften.

Als das ›Dach Afrikas‹ ragt Äthiopien wie eine Felsinsel aus dem Meer der Steppen und Halbwüsten des nordafrikanischen Raumes. Die höchste Erhebung ist der Ras Deshen im Norden (4620 Meter), aber auch im Zentrum und im Süden sind Gipfel über 3 500 Meter nicht selten.

Im Laufe der Erdgeschichte haben sich hier über kristallines und kalkiges Gestein Lavamassen ergossen, die wie von einer Riesenhand zu Tafelbergen (Ambas) modelliert wurden. Diese tellerartigen Hochebenen sind ein charakteristisches Element der Landschaft und der Besiedlung. Der tertiäre Bruch, der vom Roten Meer einen tiefen canyonartigen Graben durch Afrika riß, bewirkte den steilen Abfall des Hochlandes und teilte Äthiopien in vier große geographische Zonen.

Das Hochgebirge im Norden ist das alte Kernland und Hauptsiedlungsgebiet der beiden christlichen

Staatsvölker, der Amharen und Tigre, die zusammen etwa die Hälfte der äthiopischen Bevölkerung ausmachen. Im Gegensatz zum europäischen Hochgebirge liegen die besiedelten Zonen hier auf den Hochflächen, während die trockenen und heißen Täler gemieden werden. In der Regenzeit verwandeln sie sich in reißende, unpassierbare Ströme.

Im Osten am Roten Meer liegt das glühendheiße Danakil-Tiefland mit seinen Steinwüsten, aktiven Vulkanen, Salzlagern und Geysieren. Eine der trostlosesten Regionen der Erde, teilweise 120 Meter unter dem Meeresspiegel. In der heißesten Jahreszeit klettert das Thermometer auf 60 Grad Celsius. Die Grenze dessen, was ein Mensch noch ertragen kann. Hier leben die Danakil-Nomaden, die bis zum Ende des vergangenen Jahrhunderts der Schrecken der Karawanen waren.

Im Südwesten, 1840 Meter über dem Meeresspiegel, glitzert der Tana-See. In den blauen Fluten tummeln sich Nilpferde. Niemand weiß, wie sie dort hinaufgelangt sind. Krokodile finden sich erst unterhalb des großen Wasserfalls, wo der Tana-See sich in den Abai, den blauen Nil, ergießt.

Das milde, feuchte Klima im Südwesten und der sehr intensive Feldanbau der hier lebenden Völker hat die Landschaft in einen unendlichen Garten Eden verwandelt. Die Provinz Kaffa gilt als die Urheimat des Kaffee, der in den Wäldern wild wächst. Neben tropi-

schen Produkten wie Hirse, Taro und Yams werden hier auch die sogenannten falschen Bananen ›Musa Ensete‹, Zitronen, Ingwer und auch Gerste und Weizen angebaut.
Im Westen, wo das Land an den Sudan grenzt, streifen die größten Löwen Afrikas durchs Steppengras. Und bis zu zehn Meter lange Riesenschlangen winden sich durchs Geäst der Galeriewälder an den Zuflüssen des weißen Nils, wo Schildkröten mit spitzen Zähnen leben.
Der Südosten Äthiopiens ist mit seinen kühlen Hochflächen das Stammland der Galla, die von hier im 16. und 17. Jahrhundert mit ihren Herden aufbrachen und weite Teile des Landes überfluteten. Hinter der Provinz Harrar, einem alten Zentrum mohammedanischen Handels, verflacht das Hochland und wird zunehmend trockener. Hier beginnt die freie, weite und harte Welt des Ogaden mit ihren Netzgiraffen und Kamelnomaden. Im Osten verliert sich die rotbraune Steppe in den Halbwüsten von Somalia.
So unterschiedlich wie der Charakter der Landschaften sind auch die Menschen in Äthiopien. Ein Land, das die Araber als ›Habaschat‹, als Völkergemisch bezeichnen. Die alten Griechen nannten die Bewohner ›aithios‹ – Menschen mit sonnenverbrannten Gesichtern.
Fünfmal so groß wie die Bundesrepublik, ist Äthiopien mit seinen etwa 33 Millionen Einwohnern einer

der ältesten und unabhängigen Staaten Afrikas. Rassisch, kulturell und religiös eine »christliche Insel im heidnischen Meer Afrikas«, wie die Äthiopier selbst sagen, und das einzige Land, das nicht unter europäische Kolonialherrschaft geriet, wenn man von der kurzen Epoche der italienischen Besetzung von 1936 bis 1941 absieht.
Etwa 70 Völker leben hier. Allein fünfundzwanzig Königreiche und Sultanate wurden unter dem großen Kaiser Menelik II. dem Reich einverleibt. Ebenso viele Sprachen gibt es, die sich voneinander so stark unterscheiden, daß eine Verständigung nur über die Staatssprache, das Amharisch, oder über eine der importierten Fremdsprachen möglich ist.
Ganz oben auf den Ambas, den Tafelbergen, sitzen die Amharen, die es verstanden haben, sich alle untertan zu machen. Am Baro-Strom und am Akobo trifft man die Anuak, ein nilotisches Volk, verwandt mit den Schilluk und Dinka des Sumpfgebietes am oberen weißen Nil. Ihre östlichen Nachbarn sind ebenfalls ›Schankella‹, eigentliche Neger, aus deren Reservat die Hochlandäthiopier sich vor Jahrhunderten ihre Sklaven und Diener holten.
Südlich der Anuak leben im Urwald die Kaffitscho. Deren Gottkaiser, der sich für den letzten der Pharaonen hielt, ließ Kaiser Menelik II. in goldenen Ketten in die Gefangenschaft führen.
In den Podocarpuswäldern der Provinz Borana jagen

die geheimnisvollen Watta, ein Stamm, der vermutlich mit den Buschmännern Südafrikas verwandt ist. In den südwestlichen Urwäldern trifft man die fast weißhäutigen Matschengos, deren Schlitzaugen an Ostasien erinnern. Auf den Tafelbergen leben die christlichen Tigre, deren Klöster an finsteren Bergkanten stehen. Nicht weit davon, in der weißgrauen Steppe, beten zahlreiche hamitische Stämme zu ihrem Gott Allah.
Durch die nördlichsten Zipfel Eritreas ziehen hagere, sehnige Nomaden. Und an der Küste des Roten Meeres zelten die letzten Einwanderer der Er-Raschaida, deren Vorfahren auf Harun-al-Raschid zurückgehen sollen. Diese Raschaida sind berüchtigte Schmuggler geworden, seit sie den Sklavenhandel aufgeben mußten oder nur noch gelegentlich weiter betreiben. In ihren Halbwüsten, dort zwischen dem Himmel Allahs und dem weißen Staub des Sahels, ist noch alles möglich.
Nie zuvor hatte Karlheinz Böhm das Land der verbrannten Gesichter aus dieser Perspektive gesehen, als er sich am 20. Dezember auf den Weg ins Erer-Tal machte.
Hinter der Hauptstadt Addis Abeba verlief die Straße zunächst durch den Awash-Park, ein riesiges Naturschutzgebiet, 700 Quadratkilometer groß, mit heißen Mineralquellen und viel Wild; darunter Gi-

raffen, Büffel, Leoparden, Gazellen, Zebras und Kudus.

Aber Karlheinz Böhm konnte die fremde Landschaft, ihre Menschen und ihre Tiere trotz aller Schönheit nicht mit den Augen eines Touristen sehen. Er sah sie mit den Augen eines Menschen, der nicht zum Vergnügen gekommen war. Er war hier, um humanitäre Hilfe zu leisten.

In diesem schönen Land gab es einfach zu viel Hunger – und zu wenig Hilfe. Die Dürre hatte in einigen Landstrichen schon vor zwei, in manchen vor drei Jahren begonnen. Die Sonne hatte die Felder verbrannt. In einigen Gebieten, wie in den am schwersten betroffenen Provinzen Wollo und Tigre, hatte es seit Jahren nicht mehr geregnet. In anderen fiel der Regen erst, als die Saat bereits verdorrt war.

Erst starb das Vieh. Dann starben die Menschen. Von den 33 Millionen Äthiopiern waren bereits 6,4 Millionen offiziell als Hungernde registriert. Jeden Tag kamen Tausende dazu.

Der Hunger, der über das Land hereingebrochen war, drohte eine der größten Katastrophen in der Geschichte dieses ostafrikanischen Landes heraufzubeschwören. Eine Katastrophe, die unübersehbar war.

Am ersten Tag kam die Böhmsche Expedition bis Asbe Tefari, einem kleinen Dorf in den Bergen. Dort übernachteten sie in einer primitiven Herberge.

Früher war es Karlheinz Böhm gewohnt, in Luxushotels abzusteigen und sich bedienen zu lassen. Jetzt wurde der ehedem von Luxus und Erfolg verwöhnte Schauspieler mit den ärmlichen Verhältnissen einer anderen Welt konfrontiert. Dazu gehörten auch Mükken, Flöhe und Kakerlaken, die aus den Fußbodenritzen krochen.

Es war der Beginn eines neuen Lebens. Ohne den gewohnten Komfort. In einem Land, wo schon eine Flasche Bier eine köstliche Abwechslung zum ständigen Wasserkonsum ist. Ein Leben, das auch Hitze, Malariaanfälle und Amöbenruhr bedeutete.

Mit 50 bis 60 Stundenkilometern ging es am nächsten Tag weiter. Hinter Harrar, der reichen Provinzhauptstadt, senkte sich die staubige Holperpiste dann in weitgeschwungenen Serpentinen ins Erer-Tal.

Ein wichtiger Moment im Leben des Karlheinz Böhm.

Er war am Ziel: in diesem großen, fruchtbaren Tal wollte er die Operation Neue Heimat für 2 500 Menschen aus den Elendslagern Babile und Jijiga starten.

Er blickte auf das idyllische Flußtal. Es war ungefähr zehn bis zwölf Kilometer breit und erstreckte sich bis in den tiefen Ogaden hinein. Ein großer Teil des Tales war gerodet.

Er zählte ungefähr vierzig bis fünfzig große Felder, die bis zu zehn Hektar groß waren, abgetrennt durch hohe undurchdringliche Kaktus-

hecken. Auf den Feldern arbeiteten Tagelöhner.
Dann sah er die Farm. Sie lag auf einem etwas höher gelegenen Plateau, von dem man das ganze Tal überblicken konnte. Früher war sie Privatbesitz und gehörte einem reichen Armenier. Im Zuge der Landreform war er enteignet worden. Doch die Regierung hatte das Land nicht an die Bauern verteilt. Ein Verwalter wurde eingesetzt, der die Farm mit Tagelöhnern weiterführte.
Ein Teil der Gebäude war verfallen, ohne Türen und vollkommen mit Kakteen zugewachsen. In einer offenen Garage standen acht Traktoren. Davon waren nur noch zwei fahrbereit, die anderen sechs total verrottet.
Außerdem gab es noch etwa ein Dutzend kleinere Gebäude, in denen die Tagelöhner wohnten.
In einer Baracke war das Büro untergebracht.
Aus Sicherheitsgründen durfte der neue Gutsverwalter seine Zelte zunächst nicht oben auf der Farm selbst aufschlagen, sondern in der nahegelegenen Leprastation in Bisidemo. Wegen der Shiftas – kriminellen Nomaden, die seit langem in Äthiopien ihr Unwesen treiben – hatte ihm die Regierung dazu geraten. Man wollte nicht, daß dem berühmten Gast von diesem raub-und mordlustigen Gesindel ein Haar gekrümmt wurde.

Und der Mann, der ein Leben in Großzügigkeit und Luxus gehabt hatte, begann seinen Kampf gegen Hunger und Elend, indem er sich in seinen neuen Lebensumständen selbst auf das Niveau seiner Schützlinge begab.

Speisung von 1500 Menschen

»Ich glaube an Frieden durch Liebe
und nicht durch Waffen.«

Die Kinder sahen als erste die Staubfahne. Aufgeregt rannten sie dem Jeep entgegen, in dem ein weißer Mann saß.

Wann kam es schon einmal vor, daß ein Fremder in ihrem Lager auftauchte?

Hier gab es nur Hunger und Krankheiten.

Das Lager befand sich in 1800 Meter Höhe. Die englische Bezeichnung dafür hieß ›shelter‹, was in der Militärsprache soviel bedeutet wie Schutzstätte oder Bunker.

1500 Menschen lebten hier. Die meisten waren Halbnomaden und stammten aus der Region Fik, südlich von Babile.

Jetzt hielt der Jeep mitten in dem Lager und wurde von den Kindern umringt.

Wer konnte der Besucher sein?

Vielleicht ein hoher Regierungsbeamter aus Addis Abeba oder ein reicher ›ferensi‹? In der Vorstellungswelt dieser Menschen fuhren nur solche Männer ein Auto, das Symbol für unvorstellbaren Reichtum.
Jetzt stieg der Mann aus. Die halbnackten, rotznäsigen Kinder sprangen um ihn herum.
Plötzlich rief jemand einen deutschen Namen: »Karli.«
Der Name ging von Mund zu Mund, und dann schallte es im Chor: »Karli, Karli.«
Die Männer und Frauen in dem Lager sahen sich erstaunt an. Dann kamen auch sie neugierig näher, um den Fremden zu begrüßen.
Die meisten von ihnen erkannten den weißen Mann mit der Sonnenbrille und dem ausgefransten Leinenhütchen sofort wieder. Sie hatten ihn nicht vergessen. Erst vor wenigen Monaten war er in ihrem Lager gewesen. Sie hatten gehört, daß ihm seine Landsleute viel Geld anvertraut hatten, damit er ihnen half.
Gespannt, aber noch immer argwöhnisch blickten sie ihn an. Er hatte zwar sein Wort gehalten und war zurückgekommen, aber was hatte er vor?
Karlheinz Böhm hatte in diesem Augenblick Lampenfieber wie schon lange nicht mehr. Er atmete noch einmal kräftig durch, dann betrat er die »Bühne«, auf der er überhaupt nichts mehr darstellen wollte.
Für einen Schauspieler sicherlich das Schwerste überhaupt.

Er spürte die prüfenden Augen der Menschen. Auf dieser »Bühne« waren Ruhm und Glanz unwichtig. Die meisten wußten gar nicht, was ein Schauspieler ist. Das war kein begeistertes Publikum, das ihn kannte und mit Ovationen empfing. Diesen Menschen durfte man nichts vorspielen. Dazu war ihre Lage zu ernst.

Ohne Frage war dies der bisher wichtigste Auftritt in seinem Leben. Er mußte sie überzeugen. Nur dann würde seine Mission Erfolg haben.

»Ich möchte euch an eine alte Sage aus dieser Gegend erinnern«, begann er auf englisch. Berhanu Negussie, sein äthiopischer Sozialarbeiter und Dolmetscher, übersetzte.

»Eines Tages wird ein Fremder kommen und euch helfen. Ich hoffe und bete zu Gott, daß ich derjenige bin. Ich glaube an Frieden durch Liebe und nicht durch Waffen. Ich biete euch meine Hilfe an.«

Die Menschen in dem Lager hörten gebannt zu. Sie sprachen selbst eine emotionale und bilderreiche Sprache. Karlheinz Böhm hatte die richtigen Töne getroffen. Mit nüchterner Sachlichkeit hätte er wahrscheinlich bei ihnen nichts erreicht.

Half ihm dabei auch seine schauspielerische Überzeugungskraft? Setzte er sie offen ein?

»Selbstverständlich«, bekennt er. »Aber ich bin von dem, was ich sage, überzeugt. Diese Menschen hier sind sensibel wie Seismographen. Sie würden sofort spüren, wenn jemand unaufrichtig wäre. Und diese Sage gibt es tatsächlich.«

Aber noch hatte er nicht gewonnen. Als er ihnen von seinem Plan berichtete, sie in einer Kooperative im Erer-Tal anzusiedeln, wo es saftigen Boden und Wasser gibt, spiegelte sich plötzlich Ablehnung und Mißtrauen in den Gesichtern.

Es kamen kritische Fragen.

Was hat die Regierung mit dem Projekt zu tun?

Was bedeutet Kooperative?

Außerdem gab es in dem Tal Malaria.

Karlheinz Böhm spürte die Mauer der Ablehnung. Wie konnte er sie überbrücken und die Menschen von seinem Plan überzeugen?

Da kam ihm im wahrsten Sinne des Wortes eine schmackhafte Idee: Um besseren Kontakt zu den Leuten zu bekommen, ließ er drei Ochsen als Festschmaus kaufen und zu Weihnachten im Lager verteilen.

Das Projekt »Menschen für Menschen« nimmt konkrete Gestalt an. Im Januar 1982 treffen die ersten Sachspenden in Äthiopien ein, wie dieser Geländewagen, den Karlheinz Böhm und seine Lebensgefährtin Eva Hess auf dem Flughafen von Addis Abeba in Empfang nehmen.

Die Umsiedlung der Bewohner des Lagers Babile in das fruchtbare Nagaya-Tal hat begonnen. Hier beraten sich Karlheinz Böhm und Eva Hess mit zwei bewaffneten Bewohnern der neuen Siedlung, wie Überfälle räuberischer Nomaden abzuwehren seien.

Hinter witzig-ironischen Wortgefechten verstecken Lord Goring (Karlheinz Böhm) und Mabel Chiltern (Helga Schlack) ihre große Liebe. Die Komödie ›Ein idealer Gatte‹ von Oscar Wilde wurde vom Bayerischen Fernsehen ausgestrahlt.

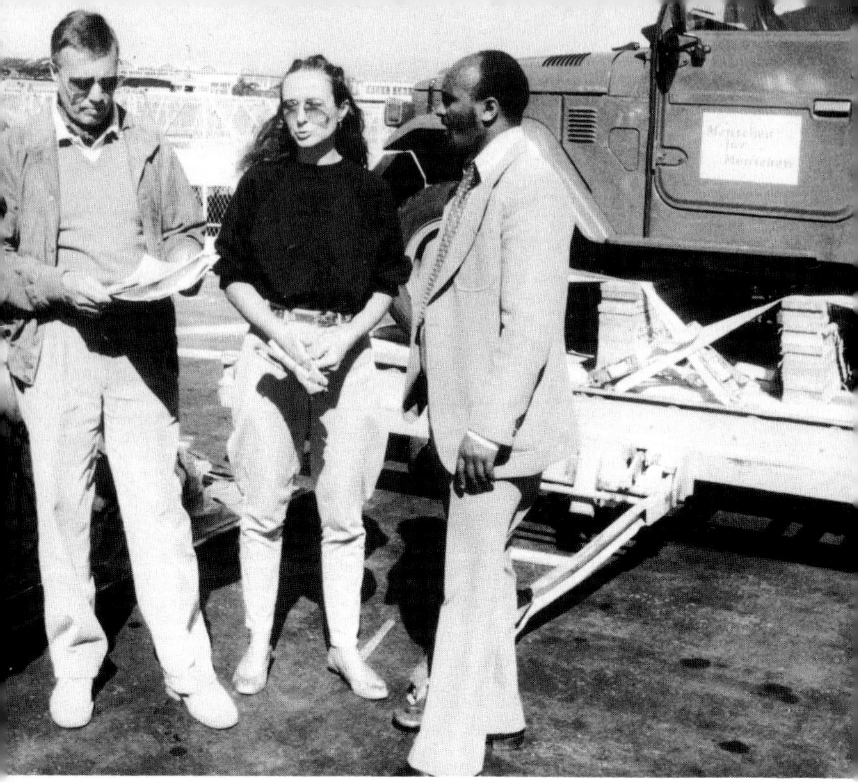
Menschen
für
Menschen

Auf Tournee für die Menschlichkeit – Karlheinz Böhm auf einer Vortragsreise über die bittere Not der Menschen in der Sahelzone. Auf Schloß Rheydt bei Mönchengladbach nimmt er im November 1983 einen Scheck entgegen; insgesamt wurden im Raum Mönchengladbach Bargeld, Patenschaften und Medikamente im Wert von DM 80 000 für ›Menschen für Menschen‹ gestiftet.

Kollegenhilfe: Bei einem Münchner Künstlerstammtisch im August 1984 sammelte Karlheinz Böhm für seine Aktion ›Menschen für Menschen‹ – assistiert von Charles Regnier und Sonja Ziemann.

Die Speisung der 1500 Menschen hatte ihren gewünschten Erfolg: Mit satten Mägen verloren die Flüchtlinge schnell ihre Scheu und ihr Mißtrauen gegenüber dem Fremden und begannen mit ihm über das geplante Siedlungsprojekt zu diskutieren. Später wurde auch getanzt und gesungen. Der für die Hauiwas typische Sprechgesang hat eine alte Tradition. In den Texten werden die Liebe, die Jagd und der Alltag besungen.
Als der Abend zu Ende ging, konnte Karlheinz Böhm zufrieden sein. Er hatte eine Brücke zu den Menschen geschlagen.
Und ein paar Tage später war es soweit: Wie ein moderner Livingstone saß Karlheinz Böhm am Steuer eines Geländewagens und schaukelte mit drei Männern und einer Frau mit einem Baby zur Erkundungstour ins Erer-Tal.
Auf einem Bergkamm, von dem man einen herrlichen Blick in das Tal hatte, hielt Karlheinz Böhm kurz an und wandte sich an die zukünftigen Siedler.
»Seht euch dieses Tal an. Es ist sehr fruchtbar. Da braucht ihr keine Gratisspeisungen.«
Dann fuhr er weiter und zeigte ihnen die Farm.
»Hier könnten wir anfangen und ein paar Familien herunterholen.«
Die Flüchtlinge nickten. Aber noch blickten ihre Augen skeptisch. Da nahm Karlheinz Böhm eine Handvoll Erde vom Acker.

»Guckt mal, was für fruchtbarer Boden das ist. Was könntet ihr daraus machen.«

Es war genau die richtige Geste. Die Leute schnupperten an der Erde in seiner Hand, und ihre Gesichter begannen sich aufzuhellen.

Er fuhr weiter zu einem bewässerten Feld mit Gemüse. Dort wiederholte er die Geste.

»Da waren Tomaten, zwar alle sehr vernachlässigt und mit viel Ungeziefer, aber ich nahm eine Tomate runter und gab sie einem von ihnen, dem Ibru Ahmed. Und der nahm sie in die Hand und roch daran. Dann biß er hinein und fing plötzlich an zu lachen. Er gab die Tomate weiter. Da fingen sie alle an, sehr viel zu reden und gaben die Frucht dem zweiten und dem dritten, und dann fing das Baby an zu weinen, weil die Frau auf einmal in einem hohen Singsang zu schreien begann, wieder so ein Triller in der höchsten Tonlage, und dann rissen die drei Männer ihre Gewehre von den Schultern – sie waren als Milizsoldaten bewaffnet – und feuerten wie wild in die Luft und tanzten und jubelten und sprangen.«

Nach der Erkundungstour schlug er seinen Begleitern vor, eine Generalversammlung abzuhalten.

»Erzählt allen, was ihr gesehen habt. Ich komme in Kürze wieder, und dann sagt mir, ob ihr mitkommt oder nicht.«

Im Lager Babile sprach sich die Kunde wie ein Lauffeuer herum. Und als Karlheinz Böhm ein paar Tage später wieder kam, war der Bann endgültig gebrochen. Der erste Umsiedlungs-Transport wurde am 4. Januar 1982 organisiert. Mit ihrem wenigen Hab und Gut warteten die ersten zehn Familien im Lager Babile in der glühenden Sonne auf ihren Abtransport: 47 Männer, Frauen und Kinder. Mit Feuereifer machten sie sich daran, die verwahrlosten Hütten der Farm wieder herzurichten. Und dann konnte auch mit der Organisation des ersten Dorfes begonnen werden. Es wurden Sprecher gewählt, auch eine Vertreterin für die Frauen, was, wie Karlheinz Böhm registrierte, vor allem bei den Männern – Moslems! – großes Erstaunen auslöste.

Anschließend erklärte er den Siedlern, wie er sich die Struktur dieser Kooperative vorstellte: sie sollte kein Privatbesitz, sondern Kommunalbesitz, Genossenschaftsbesitz sein.

Der Grundstein für das erste Dorf war gelegt.

Jetzt fehlte nur noch ein Name für das Dorf.

Karlheinz Böhm fragte die Siedler: »Wie heißt das Wort Frieden in eurer Sprache?«

»Nagaya«, antworteten sie.

Darauf schlug er vor, das Dorf so zu nennen.

Wochen harter Arbeit begannen. Häuser mußten instand gesetzt werden, das verwahrloste Farmgelände wurde gerodet, Brunnen gegraben, Maschinen und Baumaterial bestellt und Vieh gekauft.

Karlheinz Böhm kümmerte sich um alles. Er war Motivator, Manager, Schiedsmann und Viehhändler in einer Person. In diesen Wochen lernte er nicht nur die familiären Probleme seiner Siedler bis ins kleinste Detail kennen, sondern auch ihre Geschichte, die Kultur und die Tradition besser verstehen. Die Hauiwas gehören zum Stamme der Oromos, einer der großen Völkergruppen Äthiopiens mit etwa zwölf Millionen Menschen.

›Seine Hauiwas‹ akzeptierten auch einen weiteren ungewöhnlichen Vorschlag, wie Karlheinz Böhm später immer wieder von äthiopischen Freunden bestätigt wurde: »Ich schlug den Leuten vor, sie sollten die nächsten fünfzehn Tukuls, die provisorischen Rundhütten aus Schilf und Buschholz, für die nächsten fünfzehn Familien bauen, damit ich die Leute aus dem Lager holen konnte.«

Mit anderen Worten: eine moderne Form der Nachbarschaftshilfe. Also ein Riesenschritt auf dem Weg zu einer echten Gemeinschaft.

Tatsächlich konnte schon eine Woche später der zweite Umsiedlungs-Transport durchgeführt werden. Nach dem Modell dieser Nachbarschaftshilfe wurde weiterverfahren: »Bis das erste Dorf mit 46 Familien stand und wir daran gingen, das zweite Dorf zu gründen mit weiteren sechzig Familien. Diesmal in kürzeren Abständen, mit zwei bis drei Transporten pro Woche. Dieses Dorf wurde nach einem Vorschlag von einem jungen Siedler ›Abdi‹ genannt.«

Zu deutsch: Hoffnung.
Anfang Februar, während die Umsiedlungsaktion auf vollen Touren lief, stieß ein weiterer wichtiger Helfer zu der kleinen Gruppe von ›Menschen für Menschen‹: Dr. Tibor Horvath.
Karlheinz Böhm hatte ihn bei einer alten Freundin kennengelernt und ihm von dem Projekt berichtet. Horvath kündigte über Nacht seinen lukrativen Job in Deutschland und bot ihm seine Hilfe an.
Ende Februar konnte ein wichtiges Kapitel im Feldzug gegen den Hunger abgeschlossen werden. Alle Flüchtlinge waren umgesiedelt. Das Elendslager Babile konnte niedergebrannt werden.
Der Hunger war auf dem Rückmarsch.
Die Kunde drang schon bald nach Europa. Viele Zeitungen berichteten von dem neuen ›Messias‹, der den Afrikanern zeigte, wie sie ihr Land wieder fruchtbar machen und in ein Paradies verwandeln konnten. In den Augen vieler Menschen, die Zweifel hatten, ob ihre Spende wirklich an die richtige Adresse gelangte, war ein Wunder geschehen.

Nur mit Passierschein ins Paradies

»Man muß den Menschen, um ihre
Würde zu wahren, Arbeit geben.«

Ein Wunder?

Wer sehen will, was es damit auf sich hat, muß einen langen Weg zurücklegen. Denn das Paradies des Karlheinz Böhm ist weit weg von Europa. In einem Land, das sich vor der Weltöffentlichkeit abriegelt.

Wer sich als normaler Reisender auf den Weg dorthin aufmacht, braucht Zeit, Geld und Geduld. Viele bürokratische Hürden müssen überwunden werden. Ohne offiziellen Passierschein kommt man nur mit Bakschisch ins Paradies.

Denn Zutritt haben nur ›Auserwählte‹.

Zur Ehrenrettung von Karlheinz Böhm muß gesagt werden, daß nicht er für dieses Auswahlverfahren verantwortlich ist, sondern die Sicherheitsstellen in Addis Abeba. sie bestimmen, wer in das Paradies darf. Sie

vergeben die »Eintrittskarten« an die Besucher – offiziell Permit genannt. Ohne ein Permit läuft in Äthiopien nichts. Für Reisen ins Landesinnere ist grundsätzlich die Genehmigung des Departments of Public Security erforderlich. Wer ohne Passierschein angetroffen wird, dem droht die Festnahme.
Elf Jahre nach der Revolution herrscht im sozialistischen Äthiopien noch immer der Ausnahmezustand. Überall im Land wimmelt es von Soldaten. Von Mitternacht bis fünf Uhr morgens ist Ausgangssperre. Das Land gehört dann den Hunden. Es wird zum Käfig, aus dem sich niemand herauswagt. Kein Wunder: die Maschinenpistolen der Soldaten sitzen locker.
»Thirteen months of sunshine«, verheißt der Werbespruch der ›Ethiopian Tourist Organisation‹. Wer nach neunstündigem Flug von Frankfurt in Addis Abeba landet, glaubt auf den ersten Blick an diese heile Welt. Über dem Land und der Metropole, der ›Neuen Blume‹, wie die Übersetzung von Addis Abeba aus dem Amharischen lautet, scheint sich ein ewiger blauer Himmel zu wölben.
Ein angenehmes Klima empfängt den Reisenden, wenn er die Maschine verläßt. Die Hauptstadt liegt 2400 bis 2600 m hoch über dem Meeresspiegel in einem weitgestreckten Talkessel zu Füßen ihres Hausberges Entoto.
Sie hat heute mehr als eine Million Einwohner, obwohl sie erst vor knapp 100 Jahren entstanden ist: als

ursprünglich mobile Zeltstadt des Kaisers Menelik II., der Äthiopien um die Jahrhundertwende in die Unabhängigkeit von Ägypten und Italien führte.
Auf den Kriegszügen durch sein weites Imperium fand der Kaiser, daß man eine Bleibe brauche, eine Metropole, ein Verwaltungszentrum, von dem aus das Reich zu regieren sei. Auch das Interesse, das die Welt seinem Land bekundete, spielte eine Rolle: England, Frankreich, Deutschland und Rußland ließen Gesandte und Botschafter bei ihm akkreditieren und begannen um seine Gunst zu werben.
1880 machte der Monarch Addis Abeba zur Metropole seines Königreiches im Kaiserreich, der heutigen Provinz Schoa. Den Diplomaten wies er persönlich – auf einem Maultier sitzend – Land für ihre Gesandtschaften an, während seine Vasallen sich selber ihre Grundstücke aussuchten. Nicht zu klein natürlich. Jeder baute seinen ›Tukul‹, sein Haus oder seinen Palast.
Ein britischer Captain namens O'Brien brachte dem Monarchen damals ein paar Eukalyptusbäume als Gastgeschenk mit. Bald bedeckten ganze Wälder die Hänge der über 2000 Meter hohen Berge in der Umgebung der Stadt.
Genauso schnell wuchs auch die Stadt. Die Mächtigen brauchten eine Bühne für ihre Interessen und Intrigen. Von nun an wurde der Kaiser von vielen Staaten diplomatisch umworben. Ein allgemeiner Wett-

lauf begann, um handelspolitische Monopole und wirtschaftliche Privilegien. Auch Araber, Inder, Griechen und Armenier stellten sich ein. Alle spekulierten darauf, am unterentwickelten Markt des unabhängigen Äthiopiens schnelle Profite zu erwirtschaften.
diese Epoche reichte nach Meneliks Tod über die Thronfolgestreitigkeiten und Haile Selassies Krönung zum Kaiser im Jahre 1930 bis ins Jahr 1936, als Mussolinis Truppen in Addis Abeba einmarschierten. 1941 warfen die Äthiopier mit Hilfe der Engländer die Italiener wieder hinaus.

Inzwischen hatte sich die Stadt weiterentwickelt. Ein Straßennetz war entstanden – und der berühmte Mercato der größte Markt Ostafrikas. Er liegt genau im Schnittpunkt der Handelswege von Ost nach West, von Nord nach Süd. Ein Schmelztiegel für die unterschiedlichen Klassen und ein wirtschaftliches Zentrum, von dem das Schicksal der Stadt bis zum heutigen Tag abhängt.

Seit am 12. September 1974 der ›Löwe von Juda‹, Haile Selassie, entmachtet wurde und das ›Licht der salomonischen Sonne‹ für immer erlosch, herrschen die Militärs in der Stadt.

Sie verdanken ihren Sieg im wesentlichen dem Hunger, der schon damals herrschte: Während das Land noch Weizen exportierte und der Negus in kaiserlichem Gleichmut die Zeichen der Zeit übersah, legten sich in der Kernprovinz

Wolle Tausende seiner Untertanen zum Sterben nieder.
Addis Abeba wurde zur Stadt der Revolution. Nach zwei Jahrtausenden kaiserlich-göttlicher Dynastie übernahmen linke Militärs die Macht. Sie hatten nicht nur den Segen, sondern auch die Hilfe Moskaus. Das ist auch bis heute so geblieben, und die Zeichen sind nicht zu übersehen: Riesenporträts der sozialistischen Dreifaltigkeit Marx, Engels und Lenin bilden am ›Platz der Revolution‹ das Gütesiegel der Regierung. Daneben blickt Staats- und Parteichef Mengistu Haile Mariam von einem überdimensionalen Poster auf sein Volk herab.
Der Generalsekretär der ZK der Partei der Arbeiter Äthiopiens, Vorsitzender des Provisorischen Militärischen Verwaltungsrats und Oberkommandierender der Revolutionären Streitkräfte, ist der neue Herrscher im Hungerland.
Der nur 1,66 Meter große Sohn einer Putzfrau im kaiserlichen Palast gehört zum Stamm der dunkelhäutigen Galla, dessen Angehörige über Jahrhunderte von der herrschenden Klasse, den lang aufgeschlossenen, hellhäutigen Amharen, in einer Art Leibeigenschaft gehalten wurden. Dem Oberleutnant blieb der Zugang zu einer Elite-Militärakademie versperrt. Er mußte sich mit einer zweitrangigen Offizierschule begnügen. Bei einem Lehrgang im amerikanischen Fort Leavenworth machte Mengistu nach eigenem

Bekunden Bekanntschaft mit dortiger Rassendiskriminierung.

›Ethiopia tikdem‹ – ›Äthiopien voran‹: so hatten sich die Militärs unter dem ›Genossen Vorsitzenden‹ angeschickt, das unter dem Negus zunehmend verluderte Feudalsystem umzukrempeln und die Entmachtung der Dynasten und ›Mekwannent‹ (der Aristokraten) vorangetrieben. Das Ziel eines ›spezifischen Sozialismus‹ vor Augen, wurden die Banken und die großen Industriebetriebe verstaatlicht, die sich zu 90 Prozent in ausländischer Hand befanden. Die Leibeigenschaft wurde aufgehoben, die Großgrundbesitzer enteignet, und jede Bauernfamilie erhielt so viel Land, wie sie selber bestellen konnte.

Im Kern schien alles in Ordnung.

Vor allem Addis Abeba vermittelt ein Bild, das vorübergehend die Elendsschlagzeilen und die Gesichter des Hungers und den Bürgerkrieg in Eritrea und Tigre vergessen läßt.

Achtspurig rollt der Verkehr über die Churchill Road ins Zentrum der Metropole, die seit 1963 Sitz der Organisation für dic Einheit Afrikas (OAU) ist. Vorbei an Renommierbauten und Helden- und Triumphbögen: Stadtverwaltung, Post Office, Commercial Bank, Foreign Office, National Palast, Africa Hall. Ein Vorzeigeviertel ohne die Gesichter des Hungers. Auch das elegante Hilton gehört dazu: ein moderner Betonklotz mit Swimmingpool, von einem Parkge-

lände umgeben, das wie eine Pufferzone wirkt. Die Gäste bleiben unter sich. Es sind hauptsächlich Vertreter aus dem Westen, die hier unbehelligt auf Spesen wie in einem luxuriösen Getto leben.
Eine Art internationaler Hungertourismus: Diplomaten, Journalisten und die Delegierten von 30 Hilfsorganisationen. Die sozialistischen Symbole in der Lobby mit dem Porträt von Mengistu wirken in dieser Umgebung wie ein Witz.
Hier hat die Revolution bisher nicht stattgefunden: Wer die entsprechende ›connection‹ hat, kann nachmittags in der Halle viele Brotspezialitäten kaufen, während in den Außenbezirken der Stadt die Menschen vor den Läden Schlange stehen.
Dort ist Brot Mangelware.
Abends Barbecue am Swimmingpool und im Speisesaal ein bayerisches Dinner. Blauweiße Tischdecken. Die äthiopischen Kellner mit Tirolerhut und Wams. Auf der Speisekarte alle möglichen Fleischspezialitäten aus deutschen Landen und Bier. Die Blasmusik gibt's gratis dazu.
Am nächsten Tag eine Vernissage im Foyer. Small-Talk auf der anschließenden Cocktail-Party.
Der Hunger ist kein Thema.
Auch das ist Äthiopien.
Es gibt Diplomaten, die in dieser Stadt schon lange leben und nicht verstehen, warum immer nur Journalisten kommen, die über den Hunger schreiben wollen.

Sie reagieren auf die massenhafte menschliche Not des Landes mit gefühllosen Sätzen wie: »Laßt doch einfach mal sechs Millionen sterben. Das ist humaner, als wenn in zwanzig Jahren fünfzig Millionen hier verhungern.«

Kein Wort davon, daß die Regierung einen blutigen Krieg fortführt, den der Kaiser angezettelt hat.

Kein Wort davon, daß sie mit allen Mitteln die in Richtung Hauptstadt strömende hungernde Landbevölkerung schon weit vor den Außenbezirken abfangen läßt.

Kein Wort über die riesigen Notaufnahmelager, die am Rande der Metropole existieren und in denen Zehntausende von Armen leben.

Kein Wort davon, daß in dieser Stadt die Mehrheit der Menschen in Wellblech- und Lehmhütten haust, die meisten Familien in nur einem oder zwei Räumen.

Kein Wort davon, daß in den abwasserverseuchten Bächen die Armen nicht nur ihre Kleider waschen, sondern auch ihr Geschirr und manche daraus trinken.

Das ist alles kein Thema.

Und was ist mit Karlheinz Böhm?

Ist er ein Thema?

Und ob. Das ist ein Name, der bei vielen westlichen

So sieht der Eingang zu dem von Karlheinz Böhm neu geschaffenen ›Paradies‹ in Äthiopien aus. Vor dem Hinweisschild im Erer-Tal Autor Erich Schaake.

የሰዎች ለሰዎች ድርጅት
"MEN FOR MEN"
FOUNDATION
Menschen für Menschen
10 Km.
TER

Einen Spendenscheck in Höhe von 3,3 Millionen Mark konnte Karlheinz Böhm auf einer Wohltätigkeitsveranstaltung in einem Münchner Hotel im Februar 1985 entgegennehmen. Auf dieser Gala traf Böhm nach langer Zeit seine drei Töchter (von links nach rechts) Katharina, Kristina und Daniela wieder.

Äthiopien – ein Land der Gegensätze: todbringende Wüstengebirge im Norden, fruchtbare, wasserreiche Landschaften im Osten wie hier das Erer-Tal.

Vertretern wie ein Reizwort klingt und Polemik auslöst.
In den Augen der meisten ist er immer noch der »›Sissi‹-Kaiser, der jetzt im Erer-Tal eine Personality-Show abzieht«.
Ein »Entwicklungshelfer, der aus dem Jet-Set kommt«.
Ein »politischer Naivling, der zu blauäugig gegenüber der Regierung ist.«
Einer, der »ein Luxusprojekt durchführt, weil er die Mittel dazu hat«.
Diese Kritiker verstehen auch nicht, warum die Journalisten nur über Karlheinz Böhm berichten wollen. Sie verweisen auf die vielen »Einzelkämpfer«, die sich seit Jahrzehnten in Drecknestern, Slums und Hungercamps der dritten Welt herumschlagen, ohne daß je eine Zeile über sie geschrieben wird, geschweige denn, daß sie mit einem Satz in der ›Tagesschau‹ oder in der ›heute‹-Sendung erwähnt würden.
Menschen von nebenan: Ärzte. Krankenschwestern. Sozialarbeiter. Techniker. Ingenieure, die oft jahrelang in der Fremde arbeiten. Manche von ihnen bleiben sogar für immer. Sie können die Menschen, die ihnen anvertraut sind, nicht mehr allein lassen. Sie können sich nicht einfach ins Flugzeug setzen und verschwinden.
Irgendwann kommt vielleicht ein Reporter und ent-

In der von Karlheinz Böhm im Erer-Tal geschaffenen Kooperative hilft jeder mit. Die Kinder hüten das Vieh.

deckt so einen völlig unbekannten Helfer in Kambodscha, Indien oder Afrika, dessen Einsatz eine »Story« hergibt. Und wenn diese »Story« dann in der Zeitung oder als Reportage im Fernsehen erscheint, erfahren die Leser oder der Zuschauer zum erstenmal, daß es auch solche anonymen Helfer gibt.

Aber kann man Karlheinz Böhm vorwerfen, daß er seine Starqualitäten auch im humanitären Sinne einsetzt?

So wie es auch Mildred Scheel für die Krebshilfe getan hat, oder wie es Liv Ullmann als Botschafterin der Unicef für das Wohl der Kinder der Welt und Peter Ustinov tun. Sie alle stellen ihre Popularität und ihre Ausstrahlung in den Dienst einer guten Sache. Sie wirken nicht nur, sie stecken sogar an. Weil sie Persönlichkeit haben.

Sicher besteht bei ihnen allen die Gefahr, daß man sie mit jedem Tag, an dem sie eine größere Rolle in der Öffentlichkeit spielen, als Selbstdarsteller mißversteht.

So wie es auch Karlheinz Böhm manchmal erlebt.

Bei der Bevölkerung in Addis Abeba kann ihm das nicht passieren. So unglaublich es klingt: Während sein Name in Europa zum Synonym für Afrika-Hilfe wurde, sagt den meisten Menschen in der äthiopischen Metropole der Name Karlheinz Böhm nichts. Für das dortige Fernsehen und die Zeitung ist er kein Thema, obwohl Staatschef Mengistu Haile Ma-

riam, der seit Jahren keinen Abgesandten des Westen mehr empfangen hat, den »Paradiesvogel unter den Entwicklungshelfern« kennenlernen wollte.
Nur einmal tauchte er im Fernsehen auf: ausgerechnet in der acht Jahre alten deutschen Filmkonserve ›Stars in der Manege‹, in der Böhm als Raubtierdresseur auftritt und ihm der Zirkuslöwe unter Trommelwirbel das rohe Stück Fleisch nicht nur aus der Hand, sondern vom Mund frißt.
Das soll allenfalls den Militärs und ein paar tausend Zuschauern imponiert haben. Mehr TV-Konsumenten hat das äthiopische Fernsehen bisher nicht.
Aber die offizielle Tünche von heiler Welt, die dem Zuschauer auf der Mattscheibe gezeigt wird, ist inzwischen von den Wolkenbrüchen der Revolution abgewaschen worden. Zum Vorschein kamen andere Bilder: vom stillen Hungertod, der Millionen Menschen in aller Welt zu selbstlosen Spenden bewegte. Lange Zeit hatte die Regierung in Addis Abeba eine Mauer des Schweigens um die Notstandsgebiete errichtet und noch im Sommer 1984 die Augen vor der drohenden Hungerkatastrophe verschlossen.
Die Vereinten Nationen zum Beispiel vermitteln dem Regime wichtige amerikanische Satellitenaufnahmen, auf denen deutlich die Landstriche hervortreten, wo die Dürre droht. Die Hungerwarnung per Satellit wird durch ortsübliche ›Frühwarnsignale‹ ergänzt: Wenn das Volksnahrungsmittel Teff (Korn aus

der Gruppe des »Liebesgrases«) nicht mehr zum offiziellen Preis von 40 Birr pro 100 Kilo in den Läden zu haben ist, sondern auf dem geduldeten Schwarzmarkt 120 bis 150 Birr kostet, dann droht Hunger.
Aber das Regime reagierte zu spät auf die Alarmsignale des Elends. Statt frühzeitig vorzusorgen, wurde gefeiert: am 12. September 1984 war der zehnte Jahrestag der Revolution. Die Lastwagen, die sonst Lebensmittel aus dem Hafen Assab in die Hungergebiete fuhren, beförderten Zement und Farbe in die Hauptstadt, um sie aufzuputzen. Ein pompöses Parteizentrum wurde gebaut. Am Festtag knallten die Stiefel der äthiopischen Armee. Nachts sprühte ein Feuerwerk. 100 Millionen Dollar sollen die Feiern gekostet haben.
Erst als die Katerstimmung verflogen war, wurde die größte Hungerkatastrophe dieses Jahrhunderts bekannt – durch eine bürokratische Panne. Ein Beamter der »Ethiopian Relief an Rehabilitation Commission« gab dem Kameramann Mohammed Amin und dem BBC-Korrespondenten Michael Buerk aus Nairobi (Kenia) im Oktober 1984 pflichtwidrig das »Permit« für einen Besuch in der Flüchtlingsstadt Makalle, weil von den Verantwortlichen keiner greifbar war. Was die Reporter sahen, war »grausam und brutal«. Wenige Tage später wurde ihr Film in Europa und Amerika gesendet. Er zeigte apathische Menschen, die aussahen wie jene lebenden Skelette der Konzen-

trationslager von Majdanek oder Bergen-Belsen im Jahre 1945, die Gesichter mit Fliegen übersät, ohne Chance, die nächsten Tage zu überleben.
Die westliche Welt war schockiert. Hunderte von Journalisten reisten an und berichteten über das wahre Ausmaß der äthiopischen Apokalypse:
6,4 Millionen offiziell registrierte Hungernde, von denen nach Schätzungen von Fachleuten der tätigen Hilfsorganisationen täglich 2500 bis 7000 sterben. Das wären mindestens 75000 Hungertote in einem Monat. Oder 900000 in einem Jahr.
Und die Zahl der Hungernden wächst jeden Tag um Zehntausende. So geht es überall im Norden von Äthiopien zu: Karawanen von Menschen brechen in entlegenen Dörfern auf, um einem Gerücht, daß irgendwo Essen verheißt, zu folgen.
Die ›Feeding-Center‹ platzen aus allen Nähten: 100000 Menschen sind es schon im Schreckenslager Korem, 80000 bis 60000 in Makalle, 30000 in Bati, 20000 in Lalibela.
Je mehr Menschen in die Lager strömen, desto größer werden nicht nur die Versorgungsprobleme. Nach Meinung ausländischer Beobachter – zu denen auch Karlheinz Böhm gehört – birgt das Lagerleben auch psychologische Gefahren.
Je länger man die Menschen in den Lagern abfüttert, desto eher werden sie zu Fürsorgefällen. Es gibt bereits Flüchtlinge, die dort seit fünf Jahren leben und

noch immer völlig abhängig von Hilfe sind. Werden sie nicht in ihre Dörfer zurückgeschickt, schafft man eine ähnliche Situation wie in Kambodscha und an der Grenze von Thailand.

»Ich bin ein strikter Gegner des Fütterungssystems in den Hungerlagern«, sagt Karlheinz Böhm. »Diese Einzementierung in eine Gewöhnung an das Füttern bricht den Instinkt der Menschen, nämlich auch den Lebenskampf in einer schwierigen Situation aufzunehmen. Das schreckliche an den Lagern ist diese absolute Willenlosigkeit der Menschen. Durch solche Feeding-Center, es ist ganz gleich, wo sie auf der Welt sind, werden die Menschen dazu gebracht, daß sie sagen: ›Jetzt geht es uns zwar nicht gut, aber wir haben gerade noch ein Existenzminimum, wir krepieren nicht und wir müssen nicht verhungern.‹ Durch dieses System werden die Menschen total entwürdigt. Man degradiert sie zu etwas Schlimmerem als Kinder: Säuglinge, die von ihrer Mutter abhängig sind und sonst einfach nicht mehr existieren können.«

Aber gibt es eine Alternative?

»Ich halte das Prinzip Food for Work (Nahrung für Arbeit) auch in diesen Feeding-Centers für unabdingbar. Man muß den Menschen, um ihre Würde zu wahren, Arbeit geben, die man zweifellos organisieren könnte.«

Zum Beispiel?

»Arbeit in umliegenden Gebieten. Hilfe für andere

Menschen. Man könnte den Versuch machen, neue Dörfer aufzubauen, damit die Menschen wieder irgend etwas Aktives tun und nicht in einer tödlichen Passivität jahrelang in diesen Lagern kleben bleiben. Ich halte das für absolut notwendig.«

Aber noch ist kein Ende des Menschenstroms in die Lager abzusehen. Denn es ist nicht nur die Dürre, die sie dorthin treibt. Es ist auch der Bürgerkrieg in Eritrea und Tigre, vor dem Hunderttausende fliehen.

Die Wurzeln des Konflikts sind alt. Äthiopiens Staatschef Mengistu erbte den Krieg von Negus Haile Selassie. Er hatte ihn 1962 entfacht, als er die autonome Nordprovinz völkerrechtswidrig seinem Reich einverleibte. Seitdem kämpfen professionelle Partisanen, die ihren Schliff in Moskau und Havanna erhielten, gegen die Besatzer.

Nicht nur vor dem Hintergrund der Hungerkatastrophe wird dieser Bürgerkrieg vollends absurd. Die militärische Situation scheint völlig festgefahren. Zwar haben die Guerillas (die Volksbefreiungsfront Eritreas und die Volksbefreiungsfront Tigre) in den letzten Jahren einige Pluspunkte verbuchen können. Aber grundsätzlich kann diesen Krieg offenbar keine Seite gewinnen.

Auch politische Lösungen sind nicht in Sicht. Zwar hatte die Befreiungsfront der Regierung in Addis Abeba mit Hinblick auf die Hungerkatastrophe einen Waffenstillstand angeboten (was den Rebellen natürlich eine Art offizieller Anerkennung durch das Regime und damit einen Prestigegewinn verschafft hätte). Aber Staatschef Mengistu antwortete mit einem kategorischen Nein – »mit Terroristen werden wir niemals verhandeln«.

So ist der Bürgerkrieg jetzt das größte Hindernis in der Verteilung der Nahrungsmittel. Die Hilfsgüter aus der EG, den USA und der Sowjetunion kommen vorwiegend im Hafen von Assab am Roten Meer an. Von hier müssen sie in die schwer zugänglichen Hungergebiete transportiert werden.

Nur ein kleiner Teil kann per Luftbrücke geliefert werden. Moskau hat zehn Transportflugzeuge und 24 Hubschrauber für die Verteilung geschickt, die USA, Großbritannien, Italien und die Bundesrepublik je zwei Maschinen, die DDR und Libyen je drei.

Das Gros der Hilfsgüter muß auf Lastwagen verladen werden. Aber von Assab bis zu den Hungerzentren sind es mindestens 750 Kilometer. Eine Hin- und Rückfahrt dauert in dem schwierigen Gelände mindestens zehn Tage. Die Straßen sind unsicher. Von diesen Mißlichkeiten wird erst gar nicht gesprochen. In weiten Landesteilen läßt der Transport nur bewaffnete Konvois zu. Vertreter der Hilfsorganisationen wundern sich nicht mehr, wenn manchmal ganze Wa-genladungen verschwinden.

Die Regierung kann also einen Großteil der Hungernden nicht erreichen, selbst wenn sie es wollte. Nach Meinung westlicher Beobachter will sie es auch gar nicht und benutzt die Dürre als ihren Verbündeten im Kampf gegen die Aufständischen. Sie greift auf ein altes Kriegsmittel zurück. Der Hunger als Waffe. Hier liegt politischer Sprengstoff. Wenn Hunger einen Krieg entscheidet, kann die Lieferung von Milchpulver und Weizen der Zustellung von Dynamit gleichkommen. Nichts ist schwerer, als in einem nichterklärten Krieg Humanität neutral auf beiden Seiten der Front zu pflegen.

Allmählich wächst zwar die Hilfe für die abtrünnigen Provinzen. Aber sie kommt zu spät, um den Exodus aus den schlimmsten Hungergebieten zu stoppen.

Dazu kommt, daß die Regierung in Addis Abeba die Völkerwanderung forciert. In einer gewaltigen Aktion (›Operation neue Heimat‹, wie sie im Regierungsjargon heißt) sollen auf längere Sicht fünf Millionen Menschen in die fruchtbaren Provinzen Gamu-Goffa, Ilubabor und Wollega umgesiedelt werden.

In Zweifel steht, ob Humanität allein das Leitmotiv ist, oder ob dahinter nicht auch die Absicht steht, die Widerstandsfähigkeit der rebellischen Provinzen zu schwächen.

Unbestritten ist, daß die Neusiedlerprovinzen mehr Überlebenschancen bieten als die Mondlandschaften im Norden. Im Süden ist der grüne Reichtum des Landes groß genug, um alle Menschen ernähren zu können.

Nur eine Tagesreise von Krieg und Hunger entfernt beweist Karlheinz Böhm, daß es zu schaffen ist.

Friedensrichter und Medizinmann

»Auch wenn ich manchmal total kaputt bin, fühle ich mich doch wohl. Menschen zu helfen, das macht unheimlich zufrieden.«

Dire Dawa. 517 Kilometer südwestlich von Addis Abeba. Schwüle Hitze. 32 Grad im Schatten.

Das Städtchen liegt an der berühmten Eisenbahnlinie nach Dschibuti. Außerdem gibt es einen Flugplatz. Von hier fliegen täglich Maschinen mit dem begehrten Khat nach dem Yemen und weiter in das wohlhabende Saudi-Arabien. Diese narkotischen grünen Blätter sind neben Zibet die Haupteinnahmequelle der Provinz.

Doch der kleine Flugplatz ist nicht nur ein Umschlagplatz für Khat. Gerade landet eine Transall C-160. Unterhalb des Cockpit ist ein schwarzer Wappenvogel zu erkennen: das Emblem des Lufttransportgeschwaders LTG 62 in Wunstorf.

Die Maschine rollt vor drei gelbe Plastikiglus, die sich neben der staubigen Piste befinden – das ist der Luft-

transportstützpunkt der Bundeswehr in Äthiopien.
41 Soldaten der drei Transportgeschwader LTG 61 (Landsberg), LTG 62 (Wunstorf) und LTG 63 (Horn) sind hier seit dem 5. November 1984 abwechselnd im Vierwochen-Rhythmus im freiwilligen Luftbrückeneinsatz.
Täglich starten zwei Transportmaschinen vom Typ Transall C-160 zur Hafenstadt Assab, wo sie Nahrungsmittel ›boarden‹ (hauptsächlich Weizen) und in die Hungerlager Axum, Lalibela und Makalle transportieren oder die Säcke im riskanten Tiefflug auf die unzulänglichen Hochplateaus ›dropen‹.
20 Mann fliegendes Personal, 20 Bodenmechaniker und ein Arzt zählen zu den vielen anonymen Helfern, die in Äthiopien tätig sind.
Bei der Zwischenlandung in Addis Abeba hat die Crew einen ›blinden Passagier‹ an Bord genommen. ›Der Karlheinz‹, wie er unmilitärisch von den Soldaten im Umgangston genannt wird, ist des öfteren Fluggast bei der Bundeswehr. Sie transportiert auch häufig Hilfsgüter für seine Farm. Solche kleinen unbürokratischen Hilfsdienste gehören für sie zur Tagesordnung.
»Na ja«, sagt Oberstleutnant Büscher vom LTG 62 stellvertretend für alle seine Männer, »das sind wir doch dem guten Ruf der Luftwaffe schuldig.«
Fern der Heimat nehmen die meisten Soldaten dann auch die Gelegenheit wahr, den ›Karlheinz‹ auf sei-

ner Farm zu besuchen. Von ihrem Stützpunkt aus sind es nur drei Stunden Fahrt in das Siedlungsprojekt der Stiftung ›Menschen für Menschen‹.
Zunächst verläuft die Straße durch eine wilde Landschaft. Hier scheint Äthiopien nur noch aus Himmel und Bergen zu bestehen. Die Felsen sind zerfressen, rissig und zerlöchert, als seien es versteinerte Zyklopen.
Aus dem Nichts treten manchmal Menschen mitten auf die Straße. Die meisten in zerrissene Tücher gewickelt, aber mit stolzen Blicken. So ist es immer in diesem Land. Hier geht jeder, auch der Bettler, wie ein König.
Wild aussehende Männer mit dunklen, glänzenden Gesichtern. Schöne Arussi-Mädchen mit Silberplättchen rund um die Stirn gelegt. Alte Frauen, das Lockenhaar zu dicken Wollkugeln über den Ohren gedreht. Lärmende Kinder, die um ein Bakschisch betteln.
Hinter den gewaltigen Bergen öffnet sich ein fruchtbares Tal mit schattigen Alleen und rotblühenden Oleanderbüschen. Neben Kaffee wird hier vor allem Khat angebaut.
Nach etwa einer Stunde Fahrt taucht Harrar auf. Wie ein Juwel funkelt die Stadt im flimmernden Sonnenlicht. Weißgetünchte Kuppeln, weiße Fassaden und freistehende Tore. Das Minarett einer alten Moschee mit abgerundeten Mauern zeigt wie ein erhobener Finger in das Blau des Himmels.

Die Stadt ist geschäftig. Die Menschen sind bunt gekleidet. Bei den Farben dominieren Gelb, Grün, Orange, Braunrot und goldener Ocker.
Harrar ist voll geschichtsträchtiger Erinnerungen. Hier besiegte Kaiser Claudius 1559 das plündernde Heer des Achmed Gran, der ›Linkshänder‹ genannt. Später hörte er aus den Mauern der weißglitzernden Stadt die Stimme seines Mörders rufen: »Es gibt hier noch einen Gouverneur, der ausersehen ist, abessinisches Prinzenblut zu vergießen.«
Wumbarea, die schöne Tochter des ›Linkshänders‹ hatte sich nämlich neben dem Gouverneur von Harrar niedergelassen. Als Claudius einfiel, erbat sich jene Somalia-Salome seinen Kopf und ließ ihn am Palasttor plazieren. Nach einigen Jahren wurde der Schädel von einem Armenier gekauft und nach Antiochia in die Türkei gebracht, wo er im Grabe eines heiligen Claudius beigesetzt worden sein soll.
Auch der ›Löwe von Juda‹, Kaiser Haile Selassie, verbrachte in Harrar seine Jugend. Die ›weiße Stadt‹ war seinem Vater, einem General, von Menelik II. als Lehen gegeben worden.

Im fruchtbaren Erer-Tal ist nicht nur die Selbstversorgung sichergestellt. Inzwischen werden von den überschüssigen Ernteerträgen auch Produkte verkauft – wie hier auf dem Markt in Harrar.

Junge Mädchen bieten auf dem Markt in Harrar Farmprodukte aus drei Dörfern im Erer-Tal feil.

Zum bunten Kolorit des moslemischen Ortes gehört auch der sagenhafte Hyänenmann. Nachts wartet er an der Stadtmauer auf die wilden Tiere. Er unterhält sich mit ihnen in der Hyänensprache. Sie fressen ihm aus der Hand.
Früher liefen die Hyänen nachts durch die Stadt, und ihr Bellen erfüllte die engen Gassen. Heute plärren dort Musikautomaten.
Hinter Harrar endet die Asphaltstraße, und eine staubige Schotterpiste beginnt. Der Blick fällt in ein weites Tal mit verdorrtem Buschwerk und Kakteen. Nach etwa einer Stunde Fahrt kommt eine schmale Abzweigung nach rechts. Ein Wegweiser zeigt, wohin es geht: ›Men for Men‹ steht dort. ›Stiftung Menschen für Menschen, Erer-Tal‹.
Zwischen zwei bis vier Meter hohen Kakteenhecken geht es weiter. Eine Wasserfurt muß durchquert werden. Ein Dorf mit armseligen Hütten taucht auf. Wie seit tausend Jahren ziehen Ochsen den Holzpflug über ausgelaugte, kümmerliche kleine Äcker, auf denen auch in guten Jahren gerade noch genug für eine Bauernfamilie wächst.

Die für die Verwaltung zuständige Agronomin Dr. Ilse Strobl zusammen mit neuen Siedlerkindern in Ganda Eva, einem der drei Dörfer der Aktion ›Menschen für Menschen‹ im Erer-Tal.

Neue Siedler im Erer-Tal vor ihren traditionellen ›Tukuls‹. Sie werden in Kürze in neue Häuser umziehen, die sie gemeinsam mit ihren Nachbarn errichten.

Nach weiteren 15 Minuten taucht plötzlich eine ganz andere Szenerie auf, die wie eine Fata Morgana wirkt: eine grüne Alm wie im Berner Oberland. Moderne Traktoren pflügen die fruchtbaren frischen Felder um. Kartoffeln, Tomaten, Gurken, Wassermelonen, Papaya und Bananen wachsen hier und ernähren die Siedler, die auf den Feldern arbeiten.

Die Menschen sehen gesund aus. Sie haben nicht die Knochengesichter, die wir aus dem Fernsehen kennen, nicht die hohlen Wangen mit den stumpfen Augen, in denen jeder Lebenswille erloschen ist.

Die Menschen hier haben ganz andere Augen. Sprühend vor Lebenswillen. Lachend.

Sie haben auch allen Grund dazu. Gegenüber früher leben sie jetzt wie in einem Paradies. Sie haben Häuser. Sie haben Brunnen. Sie haben eine Schule. Sie haben eine Krankenstation. Vor allem aber haben sie keinen Hunger mehr.

Kinder kommen angelaufen. Sie haben schon soviel deutsch gelernt, daß sie das Geheimnis dieses Erfolges erklären können.

»Menschen für Menschen!« rufen sie ausgelassen jedem Besucher zu, und damit sind die vielen Menschen, vor allem in Deutschland, gemeint, die durch ihre Spenden dieses Wunder erst möglich gemacht haben.

Die Böhmschen Dörfer, wie andere Hilfsorganisationen sie nicht ohne Neid nennen, kommen in Sicht:

viereckige, kleine Häuser, teilweise aus Lehm, teilweise aus Stein gebaut und mit Dächern aus Blech.
Vier Dörfer, in der Landessprache ›Ganda‹ genannt, gehören inzwischen zur Farmkooperative im Erer-Tal: Ganda Abdi, Ganda Eva, Ganda Nagaya, Ganda Biftu.
400 Familien sind in den letzen drei Jahren dorthin umgesiedelt worden. Das sind rund 2000 Menschen. Sie stammen fast alle aus entlegenen Flüchtlingslagern, in die sie der Hunger und der Ogaden-Krieg getrieben hatten. Jetzt haben sie eine neue Bleibe gefunden, und sie fühlen sich sichtlich wie zu Hause.
Tatsache ist, daß bisher nur zwölf Familien wieder fortgezogen sind. Acht kehrten nach kurzer Zeit in die Kooperative zurück. »Weil sie gesehen haben, daß sie es doch nicht so schlecht hatten, wie sie dachten«, meint Karlheinz Böhm.
Die außerordentlich geringe Zahl von ›Aussteigern‹ kann er jetzt den Kritikern entgegenhalten, die befürchtet hatten, daß die Menschen durch die Umsiedlung entwurzelt würden.
Immer, wenn der große Motivator nach ein paar Wochen in Deutschland ins Erer-Tal zurückkehrt, spielen sich Szenen wie bei einem Familienfest ab.
Sobald der weiße Landcruiser mit der blauen Aufschrift ›Menschen für Menschen‹ auftaucht, strömen die Dorfbewohner zusammen. Zuerst kommen die Kinder angerannt.

»Karli, Karli!« schreien sie und springen um das Auto herum. Selbst die Moslemfrauen geben ihre Reserviertheit auf und umhalsen und küssen ihn.
Aber er wollte nicht auf die ›Streicheleinheiten‹ verzichten.
›Standing ovations‹ hat er zwar oft genug auf der Bühne erlebt, aber die Liebesbeweise seiner Siedler sind für ihn das Schönste.
Vor Krankheiten hat er keine Angst mehr. Wie fast alle Dorfbewohner hat er auch Malaria, Amöbenruhr und Fieber jeder Art gehabt.
Auch Eva Hess, Böhms Lebensgefährtin, hat sich daran gewöhnt, acht Monate im Jahr ohne großen Komfort zu leben. Die Zimmer in dem Farmhaus sind spartanisch eingerichtet. Linoleumfußböden, Betten, Stühle, als einziger Luxus ein Kofferradio. Eine Klimaanlage gibt es nicht. Der elektrische Strom fällt oft aus.
In der Küche tummeln sich ›tefki‹ (Flöhe) und ›olole‹ (Kakerlaken). Aber Not macht erfinderisch. Um die Fußgelenke trägt die schwäbische Modedesignerin Flohhalsbänder, die eigentlich den Hunden zugedacht sind.
Eine andere Welt: Sie beginnt für Eva Hess, wenn sie mit Karlheinz Böhm in Addis Abeba landet und ins Erer-Tal fährt.
»So wie ich meine schicken Münchner Kleider ausziehe und in Khaki-Shorts oder Leinenkleider schlüpfe, so verändert sich auch mein Leben.«

Sie ist Mädchen für alles auf der Farm: »Für Besucher richte ich die Zimmer her. Ich koche oft, meistens Rindfleisch mit Hirsebrei und Gemüse von den Feldern. Es muß geputzt und desinfiziert werden. Außerdem kümmere ich mich um die Buchhaltung.«
»Eva, Eva!« rufen die Kinder, sobald die schlanke junge Frau mit dem blonden Haar auf dem Farmgelände spazierengeht. Sie ist beliebt, weil sie inzwischen gut Orominja spricht und sich mit den Leuten über alle Probleme unterhalten kann.
Wie läuft ein normaler Tag auf der Farm ab?
»Bei Sonnenaufgang, um sechs Uhr, eine Stunde vor Karlheinz, stehe ich auf und mache das Frühstück«, berichtet Eva Hess. »Spiegeleier, Milch, Tee, Vollkornbrot, Käse und Tomaten.«
Das Frühstück dient zugleich als ›Lagebesprechung‹ mit Böhms engsten Mitarbeitern: dem Farmmanager Dr. Tibor Horvath, der pensionierten Ärztin Dr. Helga Malchow und der jungen Agronomin Dr. Ilse Strobl. Die alltäglichen Probleme werden besprochen.
Probleme mit der Farm, den Menschen und der Natur gibt es immer:
In einem Dorf ist Cholera ausgebrochen. Impfstoff muß besorgt werden.
Karlheinz Böhm ist besorgt, aber auch sauer. Die Epidemie hätte verhindert werden können. Bereits vor Monaten hatte er beantragt, daß seine Siedler geimpft

werden. Aber die zuständigen Regierungsstellen hatten abgelehnt, da es ›offiziell‹ keine Cholera mehr in Äthiopien gibt.
Jetzt muß alles getan werden, um die Epidemie unter Kontrolle zu bringen.
Neben diesem ersten Problem gibt es noch eine Reihe von anderen Schwierigkeiten: Eine Elefantenherde hat die Telefonleitung zerrissen. Eine Raupenplage bedroht die Maisfelder. Ein äthiopischer Fahrer hat den farmeigenen Geländewagen auf den Kopf gestellt. In dem neuen Dorf Ganda Eva (Licht) sind die noch nicht fertig gestellten Häuser bereits von mehreren Familien bezogen worden.
Hausbesetzer im Erer-Tal. Karlheinz Böhm schmunzelt – auch das gibt's.
Er und seine Mitarbeiter sind den ganzen Tag auf Trab. Er besucht die Schule. Überprüft die Vorräte in den Silos und fährt auf die Felder hinaus, wo ›seine Hauiwas‹ seit sieben Uhr morgens arbeiten.
Die Farm ist inzwischen weiter gewachsen. Eine Schule für 400 Kinder wurde eingeweiht. Eine Krankenstation wurde eröffnet, die so perfekt eingerichtet ist, daß kleine Notoperationen durchgeführt werden können. Auch der Maschinenpark wurde durch zwei supermoderne Turbotraktoren verstärkt.
Zwar versucht Karlheinz Böhm die Technisierung in Grenzen zu halten, andererseits hat er aber die Erfahrung gemacht, daß man größere Flächen mit Men-

schenkraft allein nicht mehr ökonomisch bewirtschaften kann.
Immerhin ist das landwirtschaftliche Kernstück der Farm von ursprünglich 540 Hektar um weitere 100 Hektar gewachsen. Ein riesiges Stück Land, das moderne Technik erfordert. Auf den neuen Feldern wird jetzt Mais angebaut.
Inzwischen hat er auch eine gesicherte Form für die Farm-Struktur gefunden. Sein Modell bezeichnet er als »ein bißchen hängengebliebener Dubcek-Sozialismus, ein bißchen ungarisches Entwicklungsprojekt, das sich ja von den anderen Ostblockländern unterscheidet und ein wichtiger Grundstein für die Kultur und die Tradition der Menschen ist, die dort leben«.
Die Farmzentrale, die Schule, die Krankenstation, die Administrationsgebäude und der Maschinenpark sind Allgemeinbesitz. Privat hat jede einzelne Familie nur etwa 350 Quadratmeter Boden, den sie selbst bewirtschaften kann. Es gibt auch Privatvieh. Aber das Land wird grundsätzlich genossenschaftlich bearbeitet. Die Siedler erhalten kein Geld, sondern Naturalien: 100 Kilo Hirse und Mais pro Monat.
Welcher Wertmaßstab wurde für die Höhe des Lohns zugrunde gelegt?
»Ich habe mit Bauern gesprochen, die nicht der Kooperative angehören, deren Einkommen wesentlich höher liegt, aber auch mit Bauern, deren Einkommen

wesentlich niedriger ist«, sagt Böhm. »Die meisten haben allerdings kein gesichertes Einkommen wie unsere Bauern. Als Wertmaßstab haben wir deshalb den Lohn eines normalen Tagelöhners zugrunde gelegt, der in der Landwirtschaft arbeitet. Er verdient im Monat 60 Birr. Davon kann er sich in guten Zeiten 60 bis 70 Kilo Getreide kaufen. Ein Kilo kostet normalerweise ein Birr. Wir geben Rationen von 100 Kilo aus, womit wir wesentlich höher liegen als die Normen der Flüchtlingsorganisationen. Außerdem kriegen sie noch Extrarationen an Gemüse, dazu Salz, Zucker, Milch und Fleisch. Ein bis zweimal im Monat oder an Festtagen werden pro Dorf je nach Größe ein oder zwei Rinder oder Kamele geschlachtet.

Ferner werden wir einen Kooperative-Shop eröffnen, wo sie billiger als auf den Märkten und in der Stadt alle möglichen Artikel von der Seife bis zu Zigaretten kaufen können. Bezahlt wird aber nicht mit Geld, sondern mit Getreide, das wir ihnen zu dem für sie günstigsten Preis verrechnen.«

Mit Geld entlohnt werden bisher nur die alten Farmangestellten, die von der Stiftung ›Menschen für Menschen‹ übernommen wurden: Mechaniker, Traktorfahrer, Siloverwalter, Gemüsespezialisten und ein Buchhalter. Sie bekommen im Monat zwischen 300 und 400 Birr.

Das ist nicht viel. Tickt da nicht eine soziale Zeitbombe? Karlheinz Böhm weiß, daß er nicht in einem utopischen Irgendwo lebt, wo das Leistungsprinzip nicht mehr existiert. So kommt er auch ohne Vorarbeiter auf seiner Farm nicht aus. Sie teilen die Gruppen ein und bestimmen, was gemacht wird.

Zusammen mit den Siedlern hat Böhm auch die Selbstverwaltung der Kooperative aufgebaut. Jedes der vier Dörfer wählt zwei Vertreter, die Frauen eine Sprecherin, die Männer einen Sprecher. Diese acht Gewählten bilden den Farmrat, der zusammen mit dem Farmmanager beispielsweise entscheidet, welches Gemüse angebaut wird. Der Sprecherrat schlichtet auch in Streitfällen. Wenn keine Einigung erzielt wird, dann muß Böhm den Friedensrichter spielen. Böhm kümmert sich um alles. Einmal im Jahr muß ein Farm-Bilanz-Bericht, ein Rechenschaftsbericht, der »Relief and Rehabilitation Commission« der Regierung in Addis Abeba vorgelegt werden.

»Wir beraten uns, falls Probleme auftreten, immer wieder mit der RRC, die uns mehr mit Rat als mit Tat zur Seite stehen kann, da sie viele andere Probleme mit den Flüchtlingen hier im Land hat.«

Diese Probleme hat Karlheinz Böhm jetzt nicht mehr. Das vordringlichste Ziel, die Ernährung sicherzustellen, ist erreicht. Die Silos sind voll, und die Vorräte reichen im Falle einer Trockenperiode für 18 Monate. Das ist eine große Neuerung für die Menschen dort. Zum erstenmal leben sie in Sicherheit.

Die Farm produziert bereits wesentlich mehr, als für

die Ernährung der 2000 Menschen gebraucht wird. 80 Prozent der Erträge können im Schnitt verkauft werden. Trotzdem ist das Projekt noch nicht aus den roten Zahlen heraus, weil wieder 120 neue Familien angesiedelt wurden. Bei einem Gesamtbudget von 420000 Birr betrug das Defizit im Jahr 1984 18000 Birr (umgerechnet etwa 27000 DM).

Aber Karlheinz Böhm ist optimistisch: »Ich könnte mir vorstellen, daß wir in etwa zwei bis drei Jahren eine ausgeglichene Bilanz haben und dann in den Profit hineingehen. Vorausgesetzt, die Arbeitsmoral der Menschen bleibt so gut wie jetzt.«

Er selbst geht da mit gutem Beispiel voran: »Auch wenn ich manchmal total kaputt bin, fühle ich mich wohl. Menschen zu helfen, das macht unheimlich zufrieden.«

Eva Hess und die anderen Mitarbeiter empfinden dasselbe.

»Wir ernten hier echte Dankbarkeit.«

Eine Brücke zu allen Menschen

»Eine einzige Mark sollte jeder übrig haben. Damit kann man schon Menschen vor dem Verhungern retten.«

Karlheinz Böhm hat die Hilfe nicht erfunden, aber er stellt sie dar. Für seine Aktivitäten wurde er inzwischen mit vielen Preisen ausgezeichnet: dem Bundesverdienstkreuz, der Theodor-Heuss-Medaille, dem ›Bambi‹ und einer Reihe weiterer Ehrungen.
Vergessen ist der Spott, der ihn begleitete, als er 1981 nach Äthiopien ging. Damals war er für viele der »Schnulzen-Kaiser, der zum Albert Schweitzer wird«; ein »Windmacher, in der späten Midlife crisis«; ein »Schauspieler, der sich in eine männliche Mutter Theresa verwandelt und von der Bühne in den Busch ging«.
Der Spott ist Anerkennung und Vertrauen gewichen. Wem sonst als ihm, so formulierte es ein Nachrichtenmagazin, würde eine alte Dame in Wien einen Scheck von 10000 DM in die Hand drücken. Wem

sonst als ihm würden eingefleischte Antikommunisten glauben, daß die linken Militärs in Äthiopien »eine ganze Menge für ihr Volk getan haben« und daß die dort stationierten Kubaner »ganz nette Jungs« sind, die den Siedlern im Erer-Tal Tomaten abkaufen. Wenn Karlheinz Böhm sich nicht dort aufhält, hetzt er in Deutschland von Termin zu Termin und trommelt für seine Arbeit in Äthiopien: Auftritte in Stadthallen und Theatersälen, Diskussionen mit Schülern und Studenten. Tombolas auf Jahrmärkten. Er schlägt eine Brücke zu allen Menschen. Dabei überredet er niemanden. Er überträgt nur seine Betroffenheit auf andere. Er überzeugt sie.

Und etwas Unglaubliches ist geschehen: Er hat ein ganzes Land zu einer bisher nicht dagewesenen Hilfsaktion motiviert. Er hat ein ganzes Land wachgerüttelt und dazu gebracht, etwas von seinem Reichtum den Armen in der Dritten Welt zu geben.

Seine eindringlichen Appelle erreichen das Herz und das Portemonnaie aller Bürger, jeden Alters, jeder sozialen Schicht, jeder politischen Couleur.

Sie spenden weiter. 40 Millionen sind bisher seit der Fernsehwette am 16. Mai 1981 auf die Konten 700 000 bei der Dresdner Bank, bei allen Raiffeisenbanken, bei der Stadtsparkasse in München und beim Postscheckamt Köln eingegangen.

Er braucht nicht nur dieses Geld, sondern hofft auf weitere Spenden. Denn in Zusammenarbeit mit dem

äthiopischen Landwirtschaftministerium plant er drei neue große Projekte:
Siedlungen für 5000 Menschen im 200000 Hektar großen Dakata-Tal.
Ein Waisenhaus für 2000 Kinder.
Weitere Siedlungen in der südwestlichen Provinz Ilubabor für Menschen aus den Notstandsgebieten.
Das Konzept ist klar: Aus den ökologisch schlechten Gebieten sollen die Menschen in die ökologisch guten Gebiete im Westen, Süden und Osten des Landes umgesiedelt werden. Dabei sollen die traditionellen Familienstrukturen erhalten bleiben. Ackerbau und Viehwirtschaft wieder aufleben. Schulbildung und medizinische Versorgung gesichert werden.
Entsprechende Umweltschutzmaßnahmen sollen eine Abholzung der Gebiete verhindern, während die Tierwelt (im Dakata-Tal gibt es Löwen und Leoparden) durch ›wild-life-protection‹ geschützt werden soll.
Projekt Nummer 1 läuft unter dem Stichwort Dakata. Das ist ein riesiges, fruchtbares Tal, das tief in den Ogaden reicht. Bisher wird es nur von Nomaden genutzt, die hier ihre Herden durchtreiben, weil es dort Wasser gibt.
Ihr Lebensraum und ihre Tränken sollen auch weiterhin gesichert werden. Nach dem derzeitigen Stand der Planungen werden für die Siedlungen höchstens 2500 bis 3000 Hektar Land gebraucht. »Bei insge-

samt 200 000 Hektar Land«, so glaubt Böhm, »dürfte es nicht schwierig sein, sich mit den Nomaden zu arrangieren.«
Projekt Nummer 2 sieht die Integrierung von 2000 Waisenkindern vor. Nach der Idee von Karlheinz Böhm soll sich dieses Waisenhaus »ganz bewußt« von der Form der SOS-Kinderdörfer unterscheiden: »Analog zu dem deutschen Begriff Frauenhaus wollen wir Kinderhäuser bauen, die für die Jugendlichen eher als Durchgangszentren gedacht sind. Wir wollen sie dort nicht etablieren. Wir wollen den Versuch machen, mit Siedlerfrauen zusammen Plätze für die Kinder zu finden. Wir wollen einen Kontakt zu den Familien herstellen und so Adoptionsplätze für die Kinder finden. Sie also so schnell wie möglich in die Familien zu integrieren.«
Projekt Nummer 3 entsteht südwestlich von Addis Abeba in Ilubabor. Das Siedlungsgebiet liegt in einer der regenreichsten Provinzen Äthiopiens und grenzt an den Sudan an. Es ist ein sehr waldreiches Gebiet, und deshalb will Karlheinz Böhm alles tun, um das Abholzen zu verhindern: »In unserem Projekt wird kein Baum geschlagen, wenn nicht die absolute Notwendigkeit besteht. Aber dann werden wir für einen Baum zwei oder drei neue setzen.«

Ein Siedler bei der Feldarbeit: die Landwirtschaft im fruchtbaren Erer-Tal hängt noch weitgehend von der ›man-power‹, der Handarbeit des Menschen ab.

Äthiopischer Bauer aus einem Dorf der Aktion ›Menschen für Menschen‹. Während der Feldarbeit nimmt er einen Erfrischungstrunk.

Diese Maxime basiert auf seinen Erfahrungen, die er im Erer-Tal gesammelt hat: »Ich bin ja hier vor drei Jahren als Neuling hingekommen. Heute weiß ich, daß man solche Projekte nicht mehr anfangen wird dürfen ohne ein entsprechendes Öko-Programm, das die Grundwassersicherung vorsieht und Biogasanlagen, um eine Abholzung der Umgebung zu verhindern.«
Für sein Öko-Projekt hat er bereits einen kompetenten Partner gefunden: das Ministerium für Wissenschaft und Forschung in Wien. Ein entsprechendes Abkommen wurde unterzeichnet. Danach wird die Stiftung ›Menschen für Menschen‹ das Projekt finanzieren, während Wien die Wissenschaftler und die Experten stellt.
»Eine ideale Zusammenarbeit zwischen einer Regierung und einer Privatorganisation, wie ich sie mir schöner nicht vorstellen kann«, freut sich Böhm.
Die Siedlungen im Dakata-Tal sollen nach dem gleichen System aufgebaut werden wie im Erer-Tal, nämlich in Form einer Kooperative. Eventuell soll auch ei-

Drei Dörfer hat die Aktion ›Menschen für Menschen‹ inzwischen im fruchtbaren Erer-Tal errichtet. Hier begegnet man nicht den Schreckensbildern wie in den Lagern der vom Hungertod Bedrohten, sondern lachenden, gesunden Gesichtern.
Zu den vielen anonymen Helfern, die in Äthiopien tätig sind, zählen auch die Soldaten der Luftwaffe der Bundesrepublik Deutschland: Mit ihrer Transall C-160 transportieren sie häufig Hilfsgüter für Karlheinz Böhm. Das Foto zeigt die Crew des Lufttransportgeschwaders LTG 62 (Wunstorf).
Eine Nomadenfrau auf dem Weg zur Tränke.

ne Mischform eingeführt werden. Darunter stellt sich Karlheinz Böhm Kleinbauern vor, denen der Zugang zur Genossenschaft freigestellt wird. Er verspricht sich davon einerseits einen freien Wettbewerb, andererseits für die Bauern die Möglichkeit, der Kooperative beizutreten, wenn sie sehen, daß sie besser funktioniert.

Ein anderes Experiment soll dagegen in Ilubabor versucht werden: dort wird es nur Kleinbauern geben. Auch soll weniger Technik zum Einsatz kommen, und alteingeführte Arbeitsmethoden wie der Ochsenpflug sollen weiter verwendet werden.

Woher kommen die Siedler?

»Die meisten aus den Dürregebieten in Wollo und Tigre. Im Dakata-Tal werden wir auch Leute aus der nahen Provinz Harrar integrieren, sowie 200 Familien, die bereits in dem Tal leben.«

Und wie sollen die neuen Siedler motiviert werden?

»Im persönlichen Zusammentreffen werde ich versuchen, ihnen ihre neuen Wohngebiete zu beschreiben, und ihnen erklären, warum sie umgesiedelt werden. Daß dies nicht ein politisches, sondern ein natürliches Phänomen ist. Was nicht ausschließt, daß man auch in den Provinzen Wollo und Tigre Rehabilitationsprojekte machen muß, um dort die Natur wieder in Ordnung zu bringen. Die Erosion ist ja eine Folge der Abholzung, aber auch eine Folge der klimatischen Veränderungen. Und diese klimatischen Veränderungen sind wiederum eine Folge unserer westlichen Industriegesellschaft und der Erwärmung der Atmosphäre. Das vergißt man immer, auch wenn es wissenschaftlich noch nicht genau erforscht ist. Eine der Ursachen für die Verbreiterung der Sahelzone muß man auch in unseren westlichen Industriegesellschaften suchen.«

Für das Projekt im Dakata-Tal will Karlheinz Böhm 15 Millionen DM aus dem Spendentopf nehmen, für Ilubabor 20 Millionen und für die Waisenkinder 5 Millionen DM.

»Damit hätten wir unsere Gelder verplant, die wir im Augenblick auf unseren Konten haben.«

Deshalb ist er auch weiter auf Spenden angewiesen. Er ist ständig im Einsatz und arbeitet unbürokratisch nur für das eine Ziel: Menschen sollen Menschen helfen.

»Eine einzige Mark sollte jeder übrig haben. Damit kann man schon Menschen vor dem Verhungern retten.«

Und wo er hinkommt, geht die Saat auf. In vielen Städten und Gemeinden schließen sich Bürger spontan zusammen und finden ohne gesetzlich, politisch oder kirchlich vorgezeichnete Wege neue Ideen zum Helfen.

Kritische Zwischenbilanz

Ein Schauspieler ist ein Suchender nach Wahrheit. Nach seiner eigenen Wahrheit und nach der Wahrheit dem Puplikum gegenüber.

»Ich pflege Kritik in leise Resignation zu kleiden«, sagte Karlheinz Böhm 1975. Heute ist ihm jede Resignation fremd. Heute ist er wieder fast so bekannt wie in den fünfziger Jahren. Der Ring hat sich geschlossen. Aber nicht weil er auf die Sehnsüchte des Publikums spekuliert, sondern weil er versucht, die Menschen bei ihrem Gewissen zu packen. In den letzten vier Jahren hat er sich mehr um die Hungernden in Äthiopien gekümmmert als um die Kinos in dieser Welt. Zeit für eine kritische Zwischenbilanz über sein Engagement in Äthiopien, die Politik und sein Leben.

Frage: Die äthiopische Regierung hat mit der Zwangsumsiedlung von 1,5 Millionen Flüchtlingen und Bauern aus den Dürregebieten in fruchtbarere Regio-

nen begonnen. Kann man die Menschen nicht in ihren Regionen lassen und ihnen dort helfen?
Böhm: Ich kann nur sagen, was ich in Wollo und Tigre gesehen habe: eine Mondlandschaft, die so fürchterlich ist, daß ich mir nicht vorstellen kann, daß selbst ein großer Regen das Land wieder fruchtbar macht. Nach vier Jahren regenloser Zeit ist die Situation hoffnungslos, und man muß sich fragen, welche Alternative die Regierung denn hat, um die Menschen übeleben zu lassen. Wobei ich persönlich immer wieder sage, ich möchte nicht als Verantwortlicher in dieser Regierung sitzen, um entscheiden zu müssen, was zu tun ist.
Frage: Bei der Umsiedlung werden unzählige Familien auseinandergerissen. Auf den Transporten soll es schon etliche Tote gegeben haben. Was halten Sie von dieser Praxis?
Böhm: Mit eigenen Augen habe ich bisher verschiedene Omnibuskolonnen im Norden von Addis Abeba gesehen. Es stimmt, daß in den Bussen die Menschen brechen. Es stimmt zweifellos, daß sie unter den Transporten leiden. In Ilubabor habe ich persönlich mit Menschen gesprochen, die umgesiedelt worden sind. Sie haben mir gesagt, daß der Transport sehr strapaziös war. Sie haben auch zugegeben, daß ältere Menschen ihn nicht überlebt haben. Ich möchte aber daran erinnern, daß in den Feeding-Centers die tägliche Todesrate 60 und in den schlimmsten Zeiten 120

bis 170 Menschen betrug, die dort an Hunger gestorben sind und daß möglicherweise ein Großteil der Menschen, die auf den Transporten gestorben sind, auch in den Lagern nicht überlebt hätten.

Frage: Es gibt auch eine Luftbrücke von Makalle nach Addis Abeba, auf der bisher Tausende von Menschen mit russischen Antonow-Maschinen transportiert wurden ...

Böhm: Die Flugzeugtransporte habe ich bisher nicht selbst gesehen. Aber ich habe mit zwei Reportern gesprochen, die beobachtet haben, wie eine Maschine ausgeladen wurde, und sie haben sich mit den Menschen unterhalten. Die meisten von ihnen standen unter dem Schock des ersten Fluges. Sie fliegen dicht gedrängt in den russischen Militärmaschinen, die keinen Komfort bieten. Ohne Zweifel mag der eine oder andere Todesfall vorgekommen sein, und ich halte es durchaus für denkbar, daß anschließend die Maschinen mit Feuerwehrschläuchen ausgespritzt wurden. Ich halte es auch für sicher, daß unter dem Druck, den die Verantwortlichen hier haben, nämlich glauben zu müssen, in ganz kurzer Zeit eine Million Menschen umsiedeln zu müssen, sehr viele Ungerechtigkeiten passieren und sehr viel Mist gebaut wird.

Frage: Ihre Kritiker sagen, während sich im Norden die eigentliche Hungerkatastrophe abspielt, würden Sie im Erer-Tal mit viel Geld ein Luxus-Projekt aufziehen. Warum gehen Sie nicht in die eigentliche Dürre-Gebiete?

Böhm: Was ich in Wollo und Tigre gesehen habe, halte ich für ziemlich hoffnungslos, und in reine Wüstengebiete zu gehen, würde ich mir bei meinem heutigen Wissensstand nicht zutrauen. Ich glaube, wenn man die Möglichkeit hat, Menschen mit der genügenden Motivierung in anderen Gebieten anzusiedeln, wo sie eine bessere Chance haben, dann sehe ich das durchaus für richtig an. Solche völkerwanderungsartigen Veränderungen haben in Europa, in Afrika und auf allen Kontinenten des Erdballs immer wieder stattgefunden und sind historisch nachweisbar. Es ist also nichts Absonderliches, daß man Menschen aus einer Region in die andere umsiedelt. Daß dies unter Zeitdruck hier geschieht, halte ich persönlich auch nicht für gut. Ich werde versuchen, es bei meinen neuen geplanten Projekten nicht unter äußerem Druck zu tun, sondern so überlegt und ruhig wie möglich.

Frage: Besteht trotzdem nicht die Gefahr, daß die Menschen durch die Umsiedlung entwurzelt werden?

Böhm: Sie bleiben erstens in ihrem Land, Sie bleiben vor allem auch in Regionen, wo die Menschen dieselbe Sprache sprechen und sich untereinander verständigen können. Ich finde es ungeheuer vermessen und von einer beispiellosen europäischen Arroganz, wenn wir den Menschen vorschreiben, wie sie es machen sollen. Das ist ihr Land. Das sind ihre Menschen.

Sie sind in einer verzweifelten materiellen Situation und unter politischem Druck von allen Seiten.
Frage: Sind Sie nicht zu blauäugig gegenüber der Regierung in Addis Abeba?
Böhm: Ich maße mir nicht den Hochmut an zu entscheiden, ob diese Regierung die richtige Staatsform für das Land Äthiopien von heute gefunden hat. Das wird die zweite oder dritte Generation entscheiden.
Es ist eine revolutionäre Zeit nach zweitausend Jahren Feudalismus. Wenn man damit historisch die Revolutionen in Europa mit den diversen Feudalsystemen in Frankreich und verschiedenen anderen Ländern vergleicht und sieht, was für eine lange Entwicklung wir gebraucht haben, demokratische Staatsformen zu entwickeln, finde ich es vermessen und hochmütig, bereits heute den Verantwortlichen in Äthiopien zu sagen, daß sie alles total falsch machen. Die Opfer dieser Revolution sind, so tragisch es ist, verglichen mit den Opfern europäischer Revolutionen, ungeheuer gering. Insofern möchte ich diese Regierung weder in Schutz nehmen, noch möchte ich sie verteidigen, noch möchte ich sie angreifen. Für mich gibt es auch keinen Unterschied zwischen einem kapitalistischen und einem kommunistischen Hunger. In diesem Land sind Millionen Menschen am Verhungern, und ich versuche, ihnen im Rahmen meiner Möglichkeiten so gut zu helfen, wie ich kann.

Frage: Wie eng ist Ihr Verhältnis zur Regierung in Addis Abeba?
Böhm: Ich bin von vornherein unter einer Prämisse ich will im tiefsten christlichen Sinne helfen. Ich bin weder politisch gebunden noch wirtschaftlich, noch kirchlich. Das heißt: Ich stelle überhaupt keine Bedingungen. Ich habe auch kein Vorurteil. Niemandem gegenüber. Ich gehe prinzipiell von der Prämisse aus, daß ich Menschen helfen will. Da kann ich mir Form anzubiedern oder mich lieb Kind bei dieser Regierung zu machen. Auf der anderen Seite stehe ich nicht auf dem Standpunkt, weil die Sozialisten oder Kommunisten sind, sind sie schlecht, und deswegen bin ich gegen sie. Ich versuche, mit ihnen zusammenzuarbeiten, soweit es möglich ist.
Frage: Sind Sie ein Revolutionär?
Böhm: Ich bin ein Revolutionär insofern, als ich nicht mehr bereit bin, pesönlich gewisse Gesellschaftsformen zu akzeptieren, die Ungerechtigkeit unterstützen. Und ich bin auch nicht bereit, mich mit Gesellschaftsformen zu solidarisieren wie im Fall dieses Regimes, von dem ich selber nicht sicher bin, daß es eine Idealform für die Zukunft eines Landes ist. Auch lehne ich jede Form von Gewalt ab. Das ist der einzige Radikalismus, der in meinem Denken ist. Ich bin in dieser Beziehung ein absoluter Anhänger von Mahatma Gandhi und Martin Luther King, die für mich die zwei großen Vorbilder dieses Jahrhunderts sind. Die

also absolut gewaltfrei für Veränderungen gekämpft haben.
Frage: Ihre Kritiker in Kreisen der großen Hilfsorganisationen werfen Ihnen vor, daß Ihr Projekt im Erer-Tal von der Regierung als Aushängeschild benutzt wird, um von anderen Problemen abzulenken...
Böhm: Wenn die Regierung ein gut funktionierendes Siedlungsprojekt benutzt, um zu sagen, daß es gut geht, finde ich das nicht verwerflich. Allen, die gegen mich polemisieren, möchte ich den Vorschlag machen, daß sie sich das Projekt im Erer-Tal ansehen. Ich habe die Erfahrung gemacht, daß keiner, der hier war, diese Polemik fortgesetzt hat. Insofern möchte ich nicht den billigen Versuch zur Gegenpolemisierung machen, daß einige Projekte von anderen Hilfsorganisationen nicht so gut funktionieren wie im Erer-Tal. Ich überlasse es lieber den Beobachtern meiner Arbeit, ein Urteil zu fällen, als denen, die in Addis Abeba in ihrem eigenen Saft schmoren und nicht wissen, was sie machen sollen, und aus diesem Grund irgendwelche Polemik loslassen.
Frage: Wie ist ihr Verhältnis zu den großen Hilfsorganisationen?
Böhm: Ich habe immer in den letzten Jahren die großen Organisationen verteidigt, wenn sie in der Öffentlichkeit wegen hoher Verwaltungskosten angegriffen wurden. Denn in dem Moment, wo ich hohe Geldmengen verwalte, habe ich automatisch auch ho-

he Verwaltungskosten. Das trifft auch für jede Gemeinde zu. Zum Beispiel ist das Budget einer Millionenstadt wie München zigmal höher als das einer kleinen Gemeinde und bedarf einer riesigen Verwaltung. Das läßt sich nicht vermeiden und trifft auch auf die großen Organisationen zu. Aber großflächige Katastrophen, wie sie jetzt in diesem Jahr und im vergangenen Jahr in Äthiopien geschehen sind, können nur mit großen Mitteln bekämpft werden. Wir kleineren Organisationen können nur durch gewisse Projekte Beispielfunktionen erfüllen.
Frage: Was sagen Sie zu der Kritik am Afrikatag?
Böhm: Ein solcher Afrikatag hat als Sammeltag im Prinzip keinen Sinn. Schon als die Vorbereitungen liefen, gab es ein für mich entwürdigendes Gerangel um die Ankündigungen der Konten der verschiedenen Hilfsorganisationen an diesem Tag. Das, was man gemacht hat, dokumentiert sich am besten durch einige Politiker. Ich will keine Namen nennen. Sie haben sich vor eine Kamera gestellt mit einer Sammelbüchse in der Hand und haben gesagt: Jetzt wollen wir mal etwas Gutes tun. Dann haben sie ein paar hundert Mark reingesteckt, um zu zeigen, wie wir alle sammeln sollen. Ich glaube, die Hilfe ist nicht nur an einem Tag nötig. Sie ist das ganze Jahr über nötig, und sie wird noch viele Jahrzehnte nötig sein, um den Sprung zwischen der ungeheuren Armut der sogenannten dritten Welt und der reichen ersten Welt zu

kitten. Um da etwas zu verändern, reicht ein Jahr nicht aus und schon gar nicht ein Tag. Insofern ist ein solcher Tag sinnlos, weil er die Bürger glauben macht, daß durch ihr Geld am nächsten Tag die Leute nicht mehr hungern. Das ist natürlich illusorisch. Selbst wenn man sofort Nahrungsmittel schickt, dauert es im besten Fall drei Monate, wenn nicht vier, bis sie in den Hungergebieten eintreffen. Man kann ja auch nicht die Geldsäcke mit Flugzeugen über Äthiopien fliegen und dort einfach die Ladeluken aufmachen und die Geldscheine runterschmeißen.

Frage: Was hätte denn ein solcher Afrikatag sein können?

Böhm: Information in allen Medien. In den Zeitungen. Im Radio. Im Fernsehen. Was bedeutet dritte Welt? Was bedeutet Afrika? Warum ist die dritte Welt arm? Wie ist überhaupt der Begriff drittte Welt entstanden. Die Information, daß es sich in der dritten Welt nicht um einen Haufen fauler und dummer Menschen handelt, die sich selbst nicht ernähren können, sondern daß die Tragödie des Hungers politische und historische Ursachen hat. Wenn man das gemacht hätte, hätte man unendlich viel mehr erreicht als die 123 Millionen Mark, die hereingekommen sind. Man hätte den Menschen wirklich erklärt, warum sie über Jahre und Jahrzehnte helfen müssen, um die Ungerechtigkeit zwischen diesen Welten abzubauen. Das wäre für mich ein Afrikatag gewesen.

Frage: Ist Äthiopien schon so etwas wie eine zweite Heimat für Sie?
Böhm: Ja, das könnte man schon sagen, und zwar der Menschen wegen.
Frage: Könnten Sie sich vorstellen, für immer dort zu bleiben?
Böhm: Nein, denn meine Aufgabe ist es, für diese Menschen da zu sein, ihnen zu helfen. Ich bin ein Mensch des europäischen Kulturkreises und hänge sehr an der Kultur, in der ich aufgewachsen bin. Ich lebe in diesem Gesellschaftssystem, das ich zwar kritisch betrachte, aber das ich immer noch für eine relativ ideale Form halte. Mit allen kritischen Vorbehalten, die ich habe, ist es für mich die bessere Möglichkeit, die es heute auf der Welt gibt. Das möchte ich ganz klar sagen. Eine ideale Form haben wir bis jetzt noch nicht gefunden.
Frage: Wie sehen Sie Ihre Aufgabe?
Böhm: Als Motivator für die Menschen in der Bundesrepublik, in meiner Heimat in Österreich und in der Schweiz, indem ich ihnen berichte, was erstens mit ihrem Geld passiert und was hier in Äthiopien wirklich geschieht.
Frage: Könnten Sie sich vorstellen, eines Tages auch in anderen Ländern aktiv zu werden?
Böhm: Durchaus. Ich habe allerdings die Verpflichtung auf mich genommen, daß ich die Menschen in Europa motiviere, für Menschen in Äthiopien Geld

im Sudan oder irgendwo in Südamerika oder Mittelamerika, irgendwo in der dritten Welt, durchführen, kann ich mir vorstellen, daß wir auch in anderen Ländern helfen.

Frage: Die Menschen verehren Sie, während über unzählige andere Helfer niemand spricht. Brauchen Sie den Rummel?

Böhm: Meine Möglichkeit, Spendengelder zu bekommen, sind die Medien, ist die Öffentlichkeit. Ich habe als Schauspieler innerhalb von 35 Jahren meines Lebens mit den Medien gearbeitet. Heute mache ich eigentlich nichts anderes als eine Fortsetzung meines Berufes auf einer anderen Ebene. Das heißt: Ich bin von der Welt des Scheins in die Welt des Seins ohne Kostüm und Maske gegangen. Ich arbeite weiter in der Öffentlichkeit, und ich empfinde es als meine Pflicht, daß ich mit Hilfe der Medien die Menschen über meine Arbeit informiere und ihnen Rechenschaft gebe.

Frage: Mit anderen Worten: Sie setzen auch Ihre schauspielerischen Fähigkeiten ein ...

Böhm: Selbstverständlich. Ich habe meinen Beruf nie gewechselt. Das habe ich auch nie behauptet. Ein Schauspieler ist ein Suchender nach Wahrheit. Nach seiner eigenen Wahrheit und nach der Wahrheit dem Publikum gegenüber. Ich tue nichts anderes als das. Aber ich versuche den Menschen nicht mehr die Wahrheit eines Hamlet oder eines Lear nahezubringen. Ich versuche meine eigene absolute Wahrhaftigkeit zu finden und diese absolute Wahrhaftigkeit den zu spenden. Würde ich es auf einmal im Tschad oder im Sudan ausgeben, wäre ich den Menschen gegenüber unehrlich. Aber wenn wir weiter wachsen und sich zum Beispiel ein Mann oder eine Frau findet, die von sich aus sagen, sie wollen Projekte im Tschad oder Menschen mitzuteilen. Nichts anderes tue ich heute, und das habe ich früher auch als Schauspieler getan. Insofern hat sich mein Leben wesentlich weniger radikal verändert, als manche Boulevardzeitungen vielleicht wahrhaben wollen, die über mich irgend so einen Käse schreiben: Vom Filmstar zum Albert Schweitzer. Damit kann ich mich nicht identifizieren, weil es nicht stimmt.

Frage: Sie waren ja selbst einmal ein sehr materialistischer Mensch. Was bedeutet Geld heute für Sie?

Böhm: Schauen Sie, ich habe leicht reden, um das gleich zu sagen, weil ich genügend habe. Sowohl was ich mir in meinem Leben erspart habe wie auch das, was ich von meinem Vater geerbt habe. Aber ich kann sagen, daß es heute für mich leichter ist, in der bedürfnislosen Welt von Äthiopien zu leben, was ich sechs bis acht Monate im Jahre tue, als in der mit Konsum überfütterten Welt.

Frage: Zum Beispiel?

Böhm: Es ist für mich wesentlich schwieriger geworden, einzukaufen. Ich merke das, wenn man Bedürfnisse hat und zurückkommt und irgend etwas kaufen will. Dann geht man in die Geschäfte rein und ist so erdrückt von dem Überangebot, daß man gar nichts kauft. Das ist vielleicht eine Folge von dem Leben, das ich jetzt hier führe. Wobei ich gestehen muß, daß uns hier nichts fehlt. Wir haben genug zu essen, wir haben ein Dach über dem Kopf, es geht uns gut.

Frage: Werden Sie Ihre Schauspielerkarriere beenden und sich ganz Ihrer Tätigkeit in Äthiopien widmen?

Böhm: Ob ich meinen Schauspielerberuf praktisch noch einmal ausüben werde in einer Rolle in Kostüm und Maske vor der Kamera und auf der Bühne, das wage ich zu bezweifeln. Aber ein Nie im Leben eines Menschen zu sagen, das kann ich nicht. Ich weiß nur, daß ich die Arbeit, die ich jetzt mache, nicht aufgeben werde, solange ich psychisch und physisch dazu in der Lage bin. Das kann ich mit großer Sicherheit sagen.

Frage: Was ist das Geheimnis Ihres Erfolges?

Böhm: Ich habe immer mit dem einen Wort geantwortet: Liebe. Das ist von einigen belächelt und von anderen mit zynisch heruntergezogenen Mundwinkeln quittiert worden. Aber ich halte es für das wirkliche Geheimnis. Die Liebe zu den Menschen wird mir ungeachtet aller Anfechtungen und Polemik sicher die Kraft geben, diese Projekte weiterzumachen und meinen Weg fortzusetzten, wie ich es in den letzten dreieinhalb Jahren getan habe.

Frage: Haben Sie keine Angst vor Krankheiten?

Böhm: Mein verstorbener Vater und meine Mutter hatten ungeheure Ängste, daß mir hier etwas passieren könnte. Sicher, es gibt hier andere Krankheiten, die für den Europäer unbekannt und schreckhaft sind. Ich hatte Malaria und Amöbenruhr. Aber wenn man die Krankheiten hier mit den vielen Zivilisationskrankheiten in Europa vergleicht, vom Krebs angefangen bis zum Herzinfarkt, dann halte ich das Leben in Europa für gefährlicher. Wie ich auch oft gefragt werde, ob ich hier nicht ungeheure Gefahren bestehen muß und daß ich um mein Leben fürchten müsse. Ich muß gestehen, daß ich es für wesentlich sicherer halte, mich im ErerTal aufzuhalten und einmal zu Fuß durch das Tal zu gehen, als in München den Stachus zu überqueren. Das halte ich für wesentlich gefährlicher. Und wenn man vergleicht, was in unserer Gesellschaft alles an Mord und Totschlag passiert bis hin zu Terrorismus und Bombenanschlägen, dann ist Äthiopien im Vergleich dazu ein relativ friedliches Land.

Frage: Sie haben einmal gesagt, daß jeder Mensch in jedem Augenblick seines Lebens in der Lage sein sollte, sich zu allem zu bekennen, was er getan hat.

Böhm: Dem möchte ich hinzufügen: Man soll sich nicht nur zu allem bekennen, sondern auch sehr kritisch sein gegenüber sich selbst.

Frage: Können Sie Kritik vertragen?

Böhm: Ich bin nie einer Kritik ausgewichen und stelle

mich jeder kritischen Diskussion. Aber ich möchte, daß die Menschen es mir ins Auge sagen und sich nicht gegenüber irgendwelchen durchreisenden Journalisten das Maul zerreißen und alles miesmachen. Wenn einer Kritik hat, soll er sie sagen. Ich wünschte mir, ich hätte gerade aus den Kreisen der deutschen Kolonie in Addis Abeba mehr konstruktive Kritik bekommen, als das der Fall war. Vielleicht hätte man vieles besser machen können.

Frage: Welche Rolle spielt ihre Lebensgefährtin Eva Hess in ihrem Leben?

Böhm: Ohne sie hätte ich nicht anfangen können, und ich könnte auch das nicht tun, was ich jetzt noch vorhabe. Sie ist mir Kritikerin und Helferin in jeder Beziehung.

Frage: Sind sie ein gläubiger Mensch?

Böhm: Ich bemühe mich, ein gläubiger Mensch zu werden. Allerdings nicht in einem kirchlich gebundenen Sinn, sondern in einem pantheistischen. In einem sehr gottbezogenen Glauben, aber in einem Glauben auch an die Menschen und an die Natur.

Addis Abeba, 25. April 1985

Kinofilme mit Karlheinz Böhm

Haus des Lebens, 1952
Alraune, 1952
Der Tag vor der Hochzeit, 1952
Der Weibertausch, 1952
Salto mortale, 1953
Arlette erobert Paris, 1953
Der unsterbliche Lump, 1953
Hochzeit auf Reisen, 1953
Die Sonne von St. Moritz, 1954
. . . und ewig bleibt die Liebe, 1954
Die Hexe, 1954
Die goldene Pest, 1954
Die heilige Lüge, 1955
Ich war ein häßliches Mädchen, 1955
Unternehmen Schlafsack, 1955
Schwedenmädel, 1955
Dunja, 1955
Sissi, 1955
Die Ehe des Dr. med. Danwitz, 1955
Sissi, die junge Kaiserin, 1956
Nina, Kitty und die große Welt, 1956
Blaue Jungs, 1957
Sissi – Schicksalsjahre einer Kaiserin, 1957
Das Schloß in Tirol, 1957
Le Passager clandestin, 1958
(engl.: The Stowaway, 1958)
Man müßte noch mal zwanzig sein, 1958
Das haut einen Seemann doch nicht um, 1958
Das Dreimäderlhaus, 1958
La Paloma, 1959
Der Gauner und der Liebe Gott, 1959
Kriegsgericht, 1959
Peeping Tom, 1959
Too Hot to Handle, 1960
Magnificent Rebel, 1960
La croix des vivants, 1961
Four Horsemen of the Apocalypse, 1962
Rififi à Tokyo, 1962

The Wonderful World of the Brothers Grimm, 1962
Come Fly with Me, 1963
The Venetian Affair, 1967
Der amerikanische Soldat, 1970
Schloß Hubertus, 1973
Effi Briest, 1974
Faustrecht der Freiheit, 1974
Mutter Küsters Fahrt zum Himmel, 1975
Inflation im Paradies, 1982

Fernsehfilme mit Karlheinz Böhm

Examen des Lebens, 1958
The Golden Door, 1963
Who Killed Julian Buck, 1963
The Wounded Don't Cry, 1963
Ein idealer Gatte, 1966
Literatur, 1970
Verdacht gegen Barry Croft, 1972
Immobilien, 1973
Vabanque, 1973
Martha, 1973
Im Hause des Kommerzienrats, 1974
Die Tannerhütte, 1976
Tatort: Schwarze Einser, 1978
Ringstraßenpalais, 1980
Die Laurents, 1981
Ringstraßenpalais, 1982

Bildnachweis:

Bilderdienst Süddeutscher Verlag München:
S. 43, 44, 61 (2), 62 (2), 64, 81, 82, 83 (2), 101 (o.), 102 (2), 104 (2), 201, 203.

dpa:
S. 41, 42, 63, 84, 101 (u.), 103, 202 (2), 204, 222.

Autor:
S. 221, 223, 224, 241, 242, 243 (2), 244, 261, 262, 263 (2), 264.